EMPREGABILIDADE EXPONENCIAL

Daniel Moretto

EMPREGABILIDADE EXPONENCIAL

Como enfrentar os desafios da longevidade no mercado de trabalho, se tornar um profissional disputado e alcançar todos os seus sonhos

Diretora
Rosely Boschini
Gerente Editorial Sênior
Rosângela de Araujo Pinheiro Barbosa
Editoras
Audrya Oliveira
Carolina Forin
Assistente Editorial
Mariá Moritz Tomazoni
Produção Gráfica
Leandro Kulaif
Edição de Texto
Amanda Oliveira
Preparação
Flávio Afonso Jr.
Capa
Joyce Matos
Projeto Gráfico
Marcia Matos
Adaptação e Diagramação
Joyce Matos
Revisão
Flavia Carrara
Impressão
Bartira

CARO(A) LEITOR(A),
Queremos saber sua opinião
sobre nossos livros.
Após a leitura, siga-nos no
linkedin.com/company/editora-gente,
no TikTok **@editoragente**
e no Instagram **@editoragente**,
e visite-nos no site
www.editoragente.com.br.
Cadastre-se e contribua com
sugestões, críticas ou elogios.

Copyright © 2024 by Daniel Moretto
Todos os direitos desta edição
são reservados à Editora Gente.
R. Dep. Lacerda Franco, 300 - Pinheiros
São Paulo, SP - CEP 05418-000
Telefone: (11) 3670-2500
Site: www.editoragente.com.br
E-mail: gente@editoragente.com.br

Dados Internacionais de Catalogação na Publicação (CIP)
Angélica Ilacqua CRB-8/7057

```
Moretto, Daniel
   Empregabilidade exponencial : como enfrentar os desafios
da longevidade no mercado de trabalho, se tornar um
profissional disputado e alcançar todos os seus sonhos /
Daniel Moretto. - São Paulo : Autoridade, 2024.
   192 p. : il, color.

ISBN 978-65-6107-023-2

1. Desenvolvimento profissional I. Título

24-3722                                         CDD 658.3
```

Índices para catálogo sistemático:
1. Desenvolvimento profissional

NOTA DA PUBLISHER

O mercado de trabalho está mais competitivo e mais seletivo do que nunca. O número de vagas abertas é muito menor que o de profissionais qualificados disponíveis. Além disso, vemos, por diferentes motivos, tanto as novas gerações quanto os profissionais mais velhos tendo dificuldades de se colocar no mercado, se destacar e até mesmo se manter em seus empregos. A sensação de insegurança profissional é uma preocupação constante para muitos.

Em *Empregabilidade exponencial*, Daniel Moretto, especialista em carreira e desenvolvimento profissional, compartilha sua vasta experiência para ajudar profissionais a se destacarem no mercado de trabalho. Com uma carreira marcada por sucessos e um profundo entendimento das dinâmicas de empregabilidade, o autor oferece insights valiosos que ajudam a superar as barreiras do mercado. Seu conhecimento e a paixão que tem pelo desenvolvimento de carreiras vão inspirá-lo e capacitá-lo a transformar sua trajetória profissional.

Daniel compila aqui histórias inspiradoras e dicas práticas que equipam os profissionais com as ferramentas essenciais para serem altamente desejados pelas empresas. O livro ensina como o autoconhecimento, a informação, o posicionamento estratégico e a definição de objetivos claros podem transformar qualquer pessoa em um candidato disputado e manter-se atraente aos olhos dos recrutadores.

Empregabilidade exponencial é uma leitura indispensável para profissionais de todas as fases, desde aqueles que estão em busca do primeiro emprego até os que enfrentam desafios de recolocação ou procuram uma promoção. Com as estratégias e os ensinamentos de Daniel Moretto, você poderá blindar sua carreira contra as incertezas do mercado e abrir portas para oportunidades inimagináveis. Não perca a chance de transformar sua realidade profissional e conquistar o reconhecimento e o sucesso que sempre desejou.

Boa leitura!

ROSELY BOSCHINI
CEO e Publisher da Editora Gente

A todos os profissionais que se transformam dia a dia na busca por serem cada vez melhores e continuarem relevantes em um mundo onde a única constante é a mudança.

Que este livro seja mais uma ferramenta poderosa para seu processo de crescimento profissional.

AGRADECIMENTOS

Obrigado à minha mãe e ao meu pai pelos valores transmitidos.

Obrigado à minha esposa, **Mirela Mancini Moretto**, que sempre me apoiou e acompanhou em minhas aventuras e, como não poderia deixar de ser, também foi apoiadora deste livro.

Obrigado aos meus filhos, **Gabriel** e **Ana Laura**, por sempre serem fontes de recarga de minhas energias.

Obrigado à minha orientadora na Faculdade de Tecnologia de Jahu, **Patricia Sarkis**, que teve grande participação em minha decisão de fazer um intercâmbio em San Diego, na Califórnia, e posteriormente aceitar uma proposta de trabalho na Costa Rica, na América Central.

Obrigado, **Octavio Calonge**, pela amizade criada após um evento turbulento em minha carreira profissional.

Obrigado, **Miriam Limonete**, por sua amizade e pelas conversas leves que sempre são sinônimo de muita paz para mim.

Obrigado a todas as empresas que me deram a oportunidade de conduzir equipes de alto desempenho.

Obrigado à **Editora Gente**, que, com profissionais muito capazes, soube me guiar durante o processo de escrita deste livro. Em especial a **Audrya Oliveira** e **Amanda Oliveira**, que, com seus feedbacks cirúrgicos, me mantiveram nos trilhos para que este projeto pudesse transformar muitas pessoas em profissionais desejados pelo mercado de trabalho.

SUMÁRIO

Prefácio — **13**

Apresentação — **17**

Introdução — **21**

Capítulo 1
Autoconhecimento, mas com o pé no chão — **40**

Capítulo 2
A importância de saber se posicionar — **52**

Capítulo 3
O que falta para chegar lá? — **72**

Capítulo 4
Desenvolvendo habilidades de networking — **84**

Capítulo 5
Seja presente, ouça atentamente — **98**

Capítulo 6
Quem já chegou lá? — **116**

Capítulo 7
Não basta dar resultado — **128**

Capítulo 8
Ser desejado pelo mercado alimenta o ego — **154**

Capítulo 9
As onze atitudes de um profissional desejado pelo mercado — **178**

PREFÁCIO

Aos 30 anos, eu tinha um ótimo emprego em uma multinacional, um bom salário, era reconhecido pelo meu chefe e recebia promoções. Mas, por dentro, eu me sentia vazio e infeliz. Algo faltava, mas eu não sabia o que era.

Sempre que tentava falar sobre isso com alguém, ouvia a mesma coisa: "André, seja grato! Tem tanta gente desempregada por aí!". E a culpa me consumia. Eu seguia em frente, fingindo que estava tudo bem, mas, por dentro, me sentia como um peixe fora d'água.

Com a saúde debilitada, fui obrigado a deixar meu emprego. Sem saber que caminho tomar, comecei a fazer bicos e consultorias, mas mal pagava as contas. A cada dia, me sentia mais perdido e sem propósito.

Minha empregabilidade era zero.

"O que eu realmente quero fazer da minha vida? Qual impacto eu quero causar no mundo?" Passei meses pesquisando, conversando com pessoas e fazendo reflexões profundas. A jornada de autoconhecimento foi intensa. Finalmente, descobri meu propósito: criar conexões genuínas com as pessoas e ajudá-las a descobrirem suas melhores versões.

O LinkedIn foi fundamental na jornada para alcançar meu propósito. Comecei a usar a plataforma em 2018, sem saber como ela funcionava. Aos poucos, fui aprendendo a me posicionar, fazer networking, compartilhar minhas experiências e me conectar com pessoas interessantes.

Com o tempo, minha visibilidade no LinkedIn aumentou, e comecei a receber convites para dar palestras, treinamentos e mentorias. Por meio dessas atividades, eu podia colocar meu propósito em prática e ajudar outras pessoas a se desenvolverem profissionalmente. Hoje, sou LinkedIn Top Voice, com 400 mil seguidores.

Nunca é tarde para aumentar sua empregabilidade e encontrar seu propósito. Mesmo aos 45 anos, consegui mudar completamente a minha vida e encontrar algo que me motiva e me faz feliz.

Se você está lendo este livro, é porque já deu o primeiro passo em direção a uma jornada de crescimento profissional. Aqui, Daniel Moretto não fala apenas de habilidades técnicas, mas também daquelas que moldam carreiras duradouras: as habilidades socioemocionais (que tanto me ajudaram).

"Empregabilidade exponencial" não é apenas um conceito, é uma nova forma de pensar. É a compreensão de que, em um mundo em constante mutação, nossa capacidade de adaptação e aprendizado contínuo é nosso ativo mais valioso. Não somos apenas profissionais, somos seres em constante evolução.

O que aumentou minha empregabilidade ao longo da carreira e minha influência como LinkedIn Top Voice foi justamente desenvolver autoconhecimento, posicionamento, networking e presença. Só o conhecimento técnico não bastava; precisei saber me posicionar, ouvir atentamente e cultivar relacionamentos significativos: o mercado não busca apenas resultados, mas também pessoas que saibam agregar valor e inspirar outras pessoas.

Este livro é uma oportunidade única para transformar sua carreira, se destacar no mercado de trabalho e realizar seus sonhos profissionais. Ao longo destas páginas, você encontrará histórias reais, dicas práticas e reflexões profundas sobre autoconhecimento, posicionamento, networking, atenção e outros temas importantes que o ajudarão a se tornar desejado pelo mercado. Desejo que, assim como eu, você possa mergulhar nessa leitura com a mente e o coração abertos. Que este livro seja uma ferramenta poderosa para seu crescimento profissional, e também para sua evolução como ser humano.

A empregabilidade exponencial começa dentro de nós.

ANDRÉ SANTOS
é LinkedIn Top Voice, mentor e palestrante
especialista em *social selling*, vendas,
employer branding e marca pessoal.

APRESENTAÇÃO

O que a lagarta chama de fim do mundo,
o Mestre chama de borboleta.
— R. Bach[1]

Conheci o Daniel durante um curso que dei na Costa Rica para líderes dos diferentes países da América Latina que faziam parte de uma multinacional americana. Entre as atividades do treinamento, uma dinâmica tratava de um sequestro, sendo os sequestradores um grupo altamente perigoso. O resultado do grupo comandado por Daniel foi um fracasso total: cruelmente e sem nenhuma capacidade negociadora, acabaram com sequestradores e sequestrados.

Contudo, sua atitude me chamou a atenção. Ele parecia muito satisfeito com o desenlace e quis trazer o treinamen-

---

[1] A MARCA de sua ignorância é a... Richard Bach. *In*: **Pensador**. Disponível em: www.pensador.com/frase/MTEzNjYzNA/. Acesso em: 15 jul. 2024.

to para o Brasil. Surpreendentemente, a gerente de RH de sua empresa o impediu. Era inédito para mim a recomendação de um CEO ser recusada.

Entendi por que isso aconteceu dois anos depois, quando fui chamado para intervir em um caso de condutas impróprias no exercício de liderança de Daniel. Duríssimo e controlador, ele configurava claramente o que hoje chamamos de assédio moral. Achava que as pessoas o respeitavam, já que, para quem observa, os sentimentos de respeito e medo se confundem. As pessoas o temiam, mas não o respeitavam.

Conduzi um processo de feedback, e o resultado foi um desastre. Acusações pesadas o definiam como capaz de qualquer coisa para atingir os resultados. Quando o confrontei com as respostas, Daniel desmoronou. Acuado, estremecido e envergonhado: foi assim que conheci o verdadeiro Daniel.

Perguntei quais eram seus exemplos de líder, e ele mencionou um sargento agressivo que conheceu em seu serviço militar (características que sua chefe também possuía).

Sim, a empresa era um quartel, e, desta vez, ele era o general.

A decisão da vice-presidência de RH, que tinha viajado especialmente para isso, foi a sua demissão imediata, mas eu tinha visto o verdadeiro Daniel e pedi a oportunidade de trabalhar a pessoa fragilizada que conhecera. Começamos um processo de autoconhecimento indispensável que, com conceitos que validaram seus reais valores, fez com que ele descobrisse a sua essência e se encontrasse consigo mesmo.

Daniel se tornou um homem que aceita a vida como uma escola de aprendizado e transformação, que é feliz sendo uma ponte entre o conhecimento e o desenvolvimento das pessoas.

Tenho acompanhado a sua trajetória desde então. Com um estilo profundamente humano, Daniel tem se destacado, obtendo sempre os melhores resultados tanto para empresas quanto para colaboradores. Desafiando-se o tempo todo, busca sempre se atualizar, e se em certo momento fui seu "mestre", hoje, a cada encontro, vejo que o que ele me dá é mais rico e vivo do que o que eu posso lhe dar em troca.

Sim, Daniel é o líder de que as empresas e o mundo precisam. E o amigo que todos gostaríamos de ter.

Este livro não é apenas uma leitura; é um convite à ação. Aqui, Daniel nos inspira a desafiar as convenções e buscar um futuro financeiramente seguro e independente, e nos entrega uma ferramenta importante para transformar profissionais e sua empregabilidade. Você tem em mãos um verdadeiro guia, construído através de uma trajetória de muitos aprendizados, que transforma profissionais com dificuldade de recolocação em campeões de empregabilidade. Este livro cai como uma luva para as novas gerações que ingressam no mundo corporativo e para profissionais que precisam enfrentar o etarismo velado para continuar ativos.

Se você está iniciando sua carreira, este livro é para você.

Se tem medo de perder o emprego, este livro é para você.

Se não tem conseguido participar de processos seletivos, este livro é para você.

Ele é atual e necessário na transformação de bons profissionais em profissionais desejados pelo mercado.

OCTAVIO CALONGE
é diretor da Sagitta Desenvolvimento e consultor e facilitador em cultura organizacional.

sional da geração Z após trinta dias do início do trabalho. Muitos dos problemas apontados pelos recrutadores são relacionados a comportamento, e, ao longo do livro, vamos falar mais sobre o assunto, pois é de extrema importância que o básico da etiqueta profissional seja notado e adotado por quem está em busca do primeiro emprego.

Em contrapartida, por volta de 2040, a maioria das lideranças nas empresas será formada por profissionais da geração Z, uma geração que sequer teve contato com o mundo anterior à internet e já nasceu extremamente conectada, trazendo conceitos como o de *"communaholics"* (mencionado em um artigo do Miami University's Lockheed Martin Leadership Institute, em 2024), título conquistado por conta do desejo de compartilhar sobre si mesmo, aprender com os outros e, com certeza, dar voz a todos. Ver o mundo a partir de diferentes perspectivas é uma realidade para essa geração. Os profissionais da geração Z que tiverem acesso a ferramentas que os ajudem a superar os obstáculos iniciais do mundo corporativo e que consigam ultrapassar e entender as barreiras existentes entre as diferentes gerações de profissionais terão extrema vantagem competitiva. Da mesma maneira, empresas que mapearem as virtudes e inovações que essa geração traz para o mercado de trabalho poderão complementar seu ambiente e conseguir resultados superiores por meio da integração das diferentes gerações. O caminho é difícil e árduo tanto para os jovens profissionais como para as empresas que ainda se adaptam ou dizem que se adaptam à nova geração. Ainda vemos empresas antiquadas, que policiam as redes sociais

INTRODUÇÃO

Quando o tema é mercado de trabalho, podemos dize que já avançamos muito em quesitos como respeit inclusão e oportunidades igualitárias, mesmo qu ainda tenhamos um longo caminho a percorrer. Mas é im portante também não perder de vista que o número de va gas abertas é pequeno quando comparado ao número d profissionais qualificados disponíveis no mercado, o qu gera uma concorrência muitas vezes brutal para aquele que estão iniciando uma carreira profissional.

O mercado de trabalho é extremamente seletivo, e porta de entrada é muitas vezes minúscula. Prova disso o estudo realizado em janeiro de 2024 pela *ResumeBuilder* que aponta que mais de 30% dos recrutadores preferen contratar trabalhadores mais velhos aos candidatos da ge ração Z (pessoas nascidas entre 1995 e 2010).[2] A pesquisa também mostra que 30% tiveram que demitir um profis-

---

[2]   SIMONETTI, G. Problemas de comportamento prejudicam a geração Z no mercado de trabalho. **Forbes Brasil**. [*S. l.*], 26 fev. 2024. Disponível em: https://forbes.com.br/carreira/2024/02/falta-de-etiqueta-prejudica--geracao-z-no-mercado-de-trabalho/. Acesso em: 15 jul. 2024.

de seus colaboradores com o mero intuito de limitar sua habilidade de expressão, causando desconforto e até mesmo distanciamento de profissionais da geração Z, que já não buscam ambientes autoritários, mas sim locais de trabalho realmente colaborativos, onde possam equilibrar suas ambições de vida com seus objetivos profissionais. Ah! Este, sim, é um valor que a geração Z nos traz para a reflexão. É uma geração com a qual temos muito o que aprender. Diferente de gerações anteriores, de quando a luta pelo poder era mais clara, essa é uma geração que preza o equilíbrio e o bem-estar, e nos convida a entender que isso não diz respeito a uma competição. Mas, enquanto 2040 não chega, meu maior objetivo com este livro é apoiar a transformação desses profissionais e fazer com que este possa ser um instrumento de evolução e crescimento, para que muitos cheguem a cargos de liderança muito antes de 2040.

Na outra ponta da carreira também vemos problemas: o mercado de trabalho penaliza quem passou dos 40 anos.[3] Sabemos que muitas das empresas que hoje promovem aos quatro ventos seus compromissos com o ESG,[4] na verdade praticam etarismo com profissionais de meia-idade. Pro-

---

[3] KAMAKURA, O. **Quais as expectativas dos profissionais 50+ sobre o mercado de trabalho?**. [*S. l.*], 23 ago. 2023. Disponível em: https://www.ey.com/pt_br/workforce/expectativas-dos-profissionais-sobre-o--mercado-de-trabalho. Acesso em: 15 jul. 2024.

[4] *Environmental, Social and Governance* (em português, Ambiental, Social e Governança), é um termo firmado pela ONU para caracterizar práticas empresariais voltadas ao bem-estar social, meio ambiente e políticas institucionais afirmativas. Saiba mais em: https://sebrae.com.br/sites/PortalSebrae/artigos/entenda-o-que-sao-as-praticas-de-esg,66c7e3ac39f-52810VgnVCM100000d701210aRCRD. (N. E.)

va disso é uma pesquisa[5] da Labora em conjunto com a Robert Half sobre etarismo nas empresas, que nos traz os seguintes dados:

BALANÇO DE CONTRATAÇÕES, DESLIGAMENTO E NÚMERO DE PROFISSIONAIS 50+ NA FORÇA DE TRABALHO DAS EMPRESAS

Qual o percentual de profissionais 50+ na força de trabalho atual?

Menos de 5%	26,17%
Entre 6% e 10%	23,44%
Entre 11% e 25%	25,39%
Entre 26% e 50%	8,59%
Mais de 50%	3,91%
Nenhum	2,34%
Não sei responder	10,16%

---

[5] ETARISMO e inclusão da diversidade geracional nas organizações. **Robert Half**. Disponível em: www.roberthalf.com/br/pt/insights/etarismo. Acesso em: 15 jul. 2024.

Isso quer dizer que os profissionais em idade entre 25 e 40 anos estão a salvo? Claro que não! A concorrência no mercado de trabalho é brutal, os recrutadores estão cada vez mais exigentes nos processos seletivos e já começam a utilizar plataformas turbinadas por inteligência artificial para filtrar os candidatos que acreditam ter maior potencial a partir de quesitos como idade, gênero, tempo de experiência e até mesmo tempo de atuação profissional em cada empresa que passaram. Você chegará a uma entrevista somente se for um verdadeiro "atleta dos processos seletivos".

Com todos esses aspectos e todas essas armadilhas encontrados na longa jornada pelo mercado de trabalho, você deve estar se perguntando: *como é que eu driblo tudo isso e me torno uma exceção em meio a tantos desafios?*

Muitos profissionais buscam incansavelmente o dia em que ocuparão um cargo de direção ou até mesmo de CEO em uma grande empresa, mas poucos pensam o que acontece quando se chega a esse estágio e se tem o sonho interrompido por uma decisão unilateral da empresa. Para muitos, o chão desaparece a partir do momento em que o crachá da empresa sai do pescoço. Quantas e quantas vezes vemos profissionais em eventos ou reuniões de negócios se apresentarem como Fulano da empresa X ou Beltrano da empresa Y? Muitos profissionais até mesmo esquecem o próprio sobrenome em suas apresentações, minimizando o fato de sermos seres humanos únicos e insubstituíveis para nossas famílias.

JAMAIS ESQUEÇA: PARA AS EMPRESAS, SOMOS PEÇAS SUBSTITUÍVEIS.

A relação entre empresa e profissional é uma relação de conveniência. A empresa precisa de alguém para a execução de uma determinada tarefa, e o profissional precisa da empresa para executar seu plano de crescimento pessoal, profissional, financeiro ou qualquer que seja seu objetivo. Uma vez que um dos dois lados não entenda como conveniente a continuidade da relação, a mesma pode ser terminada a qualquer momento.

Ter ocupado diversas posições em diferentes empresas e nunca ter contado com o apoio de terceiros, ou, como muitos se referem, com o fator QI (quem indica), permitiu que eu evoluísse muito, tanto profissionalmente quanto como indivíduo. Nasci e cresci em uma família muito simples, no interior de São Paulo, em Jaú. Em um primeiro momento, uma força extraordinária dentro de mim me movia em busca de sucesso profissional por não querer mais passar por situações tão difíceis como abrir a porta da geladeira de casa e encontrar somente garrafas de refrigerante cheias de água. Tinha apenas 12 anos e ainda me emociono quando me recordo daquela difícil época. Naquele momento, prometi a mim mesmo que jamais passaria novamente por tal situação.

Quando ocupei a posição máxima de uma organização, chame de *country manager*, CEO, presidente ou como queira, aos 31 anos, tive a oportunidade de errar muito cedo e, assim, corrigir minha rota como executivo a tempo de não desviar demais do meu caminho. Aos 34 anos, minha missão mudou: decidi que queria evitar que qualquer pai de família tivesse que passar por aquilo que passei em minha infância. Gerar empregos e dar oportunidades a pais e mães de família para que jamais tivessem que passar pelos desafios que meus pais enfrentaram quando me criaram foram os objetivos que me guiaram naquele momento.

Por último, após um crescimento meteórico e tombos gigantescos na carreira, ficando mais forte a cada medo e incerteza superados, entendi que somente gerar empregos não seria suficiente. Precisava também preparar profissionais que multiplicassem de forma exponencial meu objetivo e na outra ponta tivessem muito sucesso, gerando, assim, oportunidades a muitos outros profissionais. Minha missão mudou novamente. Hoje tenho uma missão clara, que é "diminuir o abismo entre a maior longevidade das pessoas e o mercado de trabalho", e com este livro quero apresentar ferramentas que ajudem você a se tornar um profissional desejado pelo mercado.

Durante todos esses anos de carreira profissional, e atualmente estando na posição de quem contrata e preenche vagas nas empresas por onde passo, acumulei várias histórias para contar sobre as dinâmicas do mercado de trabalho. Vou compartilhar, ao longo da obra, algumas delas. A seguir, apresento duas histórias de profissionais que poderiam ter tido um desfecho diferente caso tivessem acesso a informações importantes sobre etiqueta e carreira.

A HISTÓRIA DE ENZO

Enzo[6] era um jovem que estava buscando o primeiro emprego. Ele havia estudado em escolas de primeira linha na cidade de São Paulo e concluído um curso de Economia em uma das universidades mais importantes do Brasil. Um histórico escolar invejável. Com 23 anos, estava na luta por emprego havia mais de um ano e já tinha participado de inúmeras entrevistas, afinal, com tal formação, era quase impossível não ser convidado para uma entrevista inicial. Mas não chegava para a segunda fase em nenhum processo seletivo.

Encontrei-me com o Enzo em um hotel onde eu e minha família passávamos férias. Ele estava com seus pais, profissionais que eu já conhecia do mercado de trabalho e que tinham seu próprio negócio, empreendedores natos. O filho havia tomado a decisão de seguir os próprios passos e iniciar uma carreira em uma multinacional ou grande

---

[6] Todos os nomes foram alterados para proteger a identidade dos indivíduos.

empresa que pudesse lhe conferir experiência para, quem sabe um dia, assumir os negócios da família com muito mais bagagem do que conseguiria trabalhando desde o início com os pais.

Em poucos minutos de conversa, ficou claro o motivo pelo qual nenhum recrutador se interessava em enviá-lo para uma segunda etapa do processo seletivo: sua arrogância era visível. Segundo Enzo, eu, na minha condição de executivo por muitos anos até então, tinha muito o que aprender com ele, e com certeza suas habilidades mudariam o rumo da organização que eu dirigia. Claro que sempre temos que aprender, mas será que o tom utilizado em uma primeira conversa deveria ser aquele? Estava Enzo em tais condições e já possuía tamanha experiência para questionar qualquer direcionamento em uma multinacional? Em dez minutos de conversa estava claro que ele era um rapaz muito capaz, mas com tamanha arrogância e tão pouco tato para interagir com as pessoas, que dificilmente conseguiria um emprego.

Seu pai notou na conversa a arrogância do filho e tratou de corrigi-lo, dizendo que deveria medir as palavras ao conversar com o presidente de uma empresa. Pois bem, decidi investir uns minutos mais na situação daquele jovem e consegui um local para que pudéssemos falar a sós; queria entender o que mais estava cometendo de errado em suas entrevistas.

Durante nossa conversa, que se estendeu por mais de duas horas e até mesmo fez com que Enzo anotasse no seu celular algumas dicas, conseguimos identificar alguns pontos de abordagem.

Era necessário que Enzo trabalhasse suas habilidades como ouvinte ativo. Em uma entrevista, o recrutador quer saber pontos importantes sobre sua personalidade, especialmente quando se trata do primeiro emprego, quando o candidato chega sem experiências anteriores de alguma relevância. O importante nesses casos é focar os projetos da universidade, onde há trabalho em equipe, e contar como colaborou para que o projeto fosse concluído de maneira positiva, qual foi sua contribuição técnica e como lidou com opiniões diferentes etc.

Em uma entrevista, um importante aspecto de etiqueta é não se apresentar com a camisa do seu time favorito. Para muitos leitores isso deve ser óbvio. Mas será que é mesmo? Enzo adorava o Corinthians e comentou que, em uma de suas entrevistas, acabou indo com a camiseta do time, pois na sequência pegaria o metrô para ir ao estádio assistir a um jogo de seu time. Ele comentou que, nesse dia, a recrutadora conversou com ele por apenas dez minutos e finalizou a entrevista com um sorriso e uma frase que ele achou brincadeira até aquele momento: "Pronto, já está livre para ir ver seu time". Ele pode ter achado engraçado, mas, na minha leitura, quando a entrevistadora disse "seu time", já deu a dica de que ela não torcia para o mesmo clube. Pode parecer um detalhe, mas é nos detalhes que as vagas são preenchidas em um mercado tão competitivo. Vale lembrar que os entrevistadores são seres humanos e têm suas preferências. Em ambientes em que as diferenças entre os profissionais disputando uma vaga são mínimas, é importante ao menos não trazer para a discussão temas que possam causar discordâncias, como futebol, religião ou mesmo política. Esses são três temas que devem ser evitados em qualquer ambiente profissional, pois nós brasileiros, para o bem ou para o mal, somos muito acalorados em nossas discussões quando um desses assuntos é pauta de conversas. Fuja de temas que possam causar desconforto e foque as suas habilidades e competências, o seu objetivo. Enzo ficou impactado com a nova descoberta sobre etiqueta no ambiente corporativo e tomou nota.

Outro ponto que identificamos na conversa: Enzo tinha o costume de chamar as pessoas por diminutivos "carinhosos" logo na primeira conversa. Comentou comigo que uma entrevistadora chamada Fernanda mudou completamente sua face quando ele iniciou a entrevista se referindo a ela como "Fer". Nem todo mundo aprecia ser chamado por apelidos ou diminutivos, e, caso queira seguir por esse delicado caminho em qualquer momento de sua carreira, sugiro perguntar primeiro para o profissional se ele se sente bem em ser chamado de tal maneira. O contato com o recrutador em uma primeira entrevista é uma primeira impressão, e, como diz o ditado, a primeira impressão é a que fica. O melhor, nesse momento, é não forçar a barra e evitar adivinhar do que o entrevistador gosta ou não.

Por último, me chamou muito a atenção a pretensão salarial que Enzo tinha para um primeiro emprego.

Confesso que eu não sabia se ria ou se chorava. Ele me comentou na lata que estaria disposto a começar nem que fosse por 10 mil reais mensais (cerca de dez salários mínimos naquele momento) e um bom plano de saúde. Quase caí da cadeira. No meu primeiro emprego como auxiliar de almoxarifado, em um hospital de câncer no interior do estado de São Paulo, eu recebi um salário mínimo e estava superfeliz por aquela conquista, afinal eu tinha vencido a barreira do primeiro emprego. Foi aí que Enzo teve um choque de realidade. Peguei meu celular e pesquisei na internet "qual é a média salarial para o estado de São Paulo?". Na época, o resultado foi um valor abaixo dos 1,4 mil reais. Fiz a mesma pesquisa enquanto escrevia este livro, em fevereiro de 2024, e recebi o seguinte resultado: 1.926,78 reais. As coisas não mudaram tanto assim.

Segundo o levantamento, a média salarial em São Paulo é 1.926,78 reais; no Rio de Janeiro é 1.756,71 reais; e no Distrito Federal, 1.731,48 reais. Com dois estados no topo do ranking, a região Sudeste é a que oferece a maior média salarial, com um valor de 1.805,39 reais.[7]

Foi aí que o recém-formado economista falhou, pois sua expectativa salarial estava completamente fora da realidade. Claro que não estamos aqui entrando no mé-

---

[7] CINCO estados brasileiros que são um paraíso aos trabalhadores oferecendo os melhores salários. **Monitor do Mercado**. [*S. l.*], 11 jun. 2024. Disponível em: https://monitordomercado.com.br/noticias/101475-5-estados-brasileiros-que-sao-um-paraiso-aos-trabalhadores-oferecendo-os-melhores-salarios/. Acesso em: 15 jul. 2024.

rito de qualidade de formação, qual cargo estava sendo disputado e muitos outros fatores, mas o leitor há de concordar comigo que todo mundo precisa começar de algum lugar, não é mesmo? O importante é iniciar uma carreira profissional de maneira mais alinhada possível aos seus estudos, mas claro que, com o passar do tempo, é preciso ter flexibilidade para trabalhar com algo nem sempre interessante e ao menos estar informado sobre as médias salariais para as vagas a que você está concorrendo. Enzo tomou nota de mais aquele ponto para que pudesse utilizar as muitas ferramentas de busca para se informar sobre os salários pagos para as posições a que estava concorrendo e, assim, ao menos manter uma certa proximidade entre suas expectativas e a realidade do mercado. Uma sugestão que fiz a ele foi pensar além do salário. Mesmo que a vaga tenha um salário menor do que a média divulgada nas ferramentas de busca, ele deveria considerar se outros aspectos da empresa o atraíam, pois, no final, o importante para conseguir crescer na carreira é ao menos iniciar uma.

Começar é o primeiro passo da escrita da sua história profissional, que nem sempre será em um emprego perfeito. Todas as empresas têm seus defeitos, assim como nós profissionais também temos, mas no somar de tudo o importante é que o ambiente tenha mais pontos a favor do que contra. Um salário com 10%, 20% ou 30% de diferença no seu primeiro emprego fará alguma diferença? Não, você não ficará extremamente rico ou extremamente pobre, considerando que esse é o seu primeiro emprego. Mas ficar desempregado pode começar a gerar outras perguntas na cabeça dos entrevistadores, às quais nem mesmo você conseguirá responder.

A HISTÓRIA DE ANA

Ana era uma profissional com mais de 35 anos de carreira na área comercial de empresas de *call center*, também conhecidas como telemarketing, *contact center* e outros nomes criativos para a mesma finalidade, que é responder aos clientes ou contatá-los pelos mais diversos meios de comunicação. Sua idade ultrapassava os 50 anos, era muito respeitada no meio e, naquele momento, acabava de ser demitida em uma reestruturação da multinacional para a qual trabalhava.

Eu estava à frente de uma grande empresa e buscava por um diretor comercial com conhecimentos técnicos em produtos financeiros, uma área muito técnica, em que os profissionais dificilmente chegam a desempenhar a contento por não terem se aprofundado tecnicamente e não possuírem o conhecimento necessário sobre os muitos produtos desse mercado em específico.

Ela estava conectada comigo através do LinkedIn, rede social para profissionais interagirem, buscarem emprego e venderem seus produtos e serviços, e decidiu me enviar uma mensagem contando sua história e que estava à procura de uma transição na carreira, afinal nunca é tarde para mudar. Recebo inúmeras mensagens no LinkedIn e em outras redes e não consigo responder a todas as mensagens que chegam, mas aquela mensagem me chamou a atenção sobre um tema que busco eliminar das empresas por onde passo: o famigerado etarismo, o preconceito com a idade do profissional.

Marcamos para conversar no escritório da empresa. Ana estava na praia, mas aquela era a única data que eu tinha disponível naquela semana, então decidiu antecipar o retorno e comparecer.

Chegou o grande dia, e lá estávamos nós para mais uma conversa sobre empregabilidade e carreira. Ela iniciou se apresentando e contando sobre todos os seus feitos, tinha um roteiro afiado e com muitas conquistas. Claro que eu não podia comprovar aquilo naquele momento, mas a postura e forma de se apresentar contando sua história de uma forma resumida e com começo, meio e fim era impressionante e mostrava sua habilidade comercial, pois se vendia muito bem — muito bem mesmo!

Ao final de sua apresentação, perguntei: "E agora que você está nessa pausa de sua extraordinária carreira, qual será sua próxima aventura?".

Ana me respondeu que já estava há pelo menos menos seis meses tentando encontrar um emprego como diretora comercial em uma empresa do setor financeiro, pois queria novos ares e aprender algo novo, mas somente apareciam oportunidades muito parecidas como a que ela já havia exercido. Também mencionou que somente uma empresa topou dar-lhe uma oportunidade no segmento financeiro, mas teria que iniciar como gerente, e não como diretora.

Introdução **35**

"Mas o seu objetivo não era mudar de segmento? Por que não aceitou?"

Ela respondeu que o salário e os benefícios eram menores que o de sua última passagem como executiva. Ao questionar qual era o tamanho da diferença, a resposta veio rapidamente: "Um salário 15% menor", e então ficou claro para mim onde estava o problema.

"Ué, se o seu sonho é mudar de segmento e aprender algo novo, não seria melhor pagar esse pedágio para ter acesso a esse novo momento de aprendizado? Pela trajetória que me apresentou, imagino que o quesito financeiro não seja um impeditivo."

A ficha caiu na hora, e ela mesma disse: "Fiz merda!". Desculpe o termo, mas tive que usá-lo para poder representar exatamente a frustração da profissional naquele momento.

Eu tinha uma vaga aberta para a diretoria comercial, mas a experiência exigida era extremamente técnica, e por maior que fosse a habilidade comercial da profissional, seriam anos para alcançar a maturidade necessária para trabalhar com os produtos vendidos pela empresa. Seria uma verdadeira receita para o desastre. Recomendei a ela que aceitasse a próxima proposta de alguma empresa que estivesse disposta a lhe dar uma oportunidade de mudança de carreira. Essa seria uma aposta de ambos os lados, afinal somente o tempo diria se aquele casamento entre empresa e profissional daria certo. Seria necessário o investimento de ambos os lados, e a empresa só poderia esperar pelos resultados após o desenvolvimento da profissional naquele mercado ao se dedicar a estudar produtos totalmente novos em relação à sua antiga realidade.

Outro caminho? Claro! Sempre temos opções; por mais que às vezes nossa vista esteja embaçada e não consigamos ver um palmo à nossa frente, sempre há opções. Ela poderia, a qualquer momento, aceitar uma das diversas propostas de vagas similares ao seu emprego anterior e continuar sua carreira extremamente bem-sucedida.

Quando me contatou pela mídia social, ela mencionava o etarismo como um dos fatores que a estavam impedindo de ter sucesso em sua recolocação da maneira como imaginava, mas para mim ficou claro que havia descartado uma excelente opção por um mero detalhe. Não quis dar um passo atrás agora, mesmo com a possibilidade de, no futuro, dar dois adiante. O ego falou mais alto, e uma excelente oportunidade escapou por seus dedos por sua própria opção.

Essas duas histórias são somente uma degustação do que abordaremos nesta jornada de transformação de sua carreira. Se você é um profissional que:

- Está buscando o primeiro emprego e quer saber mais sobre etiqueta corporativa;
- Quer ir além dos primeiros noventa dias no primeiro emprego;
- Um dia já se sentiu aflito com a possibilidade de ficar desempregado;

- Já sentiu na pele o etarismo ao procurar emprego e ser descartado de vagas, pois as empresas não aceitavam profissionais com mais de 40 anos;
- Foi preterido para uma promoção;
- Não passou em um processo seletivo cuja vaga tinha a sua cara;
- Sente que ficou invisível ao mercado de trabalho e aos recrutadores;
- Não é a primeira opção por algoritmos, empresas e ex-colegas de trabalho;
- Se vê em qualquer uma das situações anteriores.

Este livro é uma oportunidade de transformação única, e espero, com minha experiência, ajudá-lo em sua jornada de sucesso ao torná-lo um profissional desejado pelo mercado de trabalho.

Este livro não é uma garantia de sucesso, mas com certeza lhe dará ferramentas que, se utilizadas com disciplina e consistência, poderão ajudá-lo a chegar aonde deseja em sua carreira.

Bora dar a si mesmo essa oportunidade de transformar sua carreira e se permitir ser um profissional desejado pelo mercado de trabalho?

HOJE TENHO UMA MISSÃO CLARA: DIMINUIR O ABISMO ENTRE A MAIOR LONGEVIDADE DAS PESSOAS E O MERCADO DE TRABALHO.

EMPREGABILIDADE EXPONENCIAL
@DANIELMORETTOOFICIAL

01.
AUTOCONHECIMENTO, MAS COM O PÉ NO CHÃO

Antes de iniciar este capítulo, compartilharei com vocês uma historinha da qual fui o ator principal. Então, vamos lá!

Em minha primeira passagem como executivo aqui no Brasil, tive a oportunidade de contratar muitos gerentes seniores, gerentes executivos e diretores, e uma coisa que sempre me chamava a atenção era como cada um se apresentava à equipe, uma vez contratado. Todos, sem exceção, simplesmente tratavam de deixar claro seu pedigree e já de cara mencionar onde estudaram, onde trabalharam e listar sucessos que haviam conquistado.

Naquela época eu já utilizava uma ferramenta conhecida como *skip level*, no bom e claro português, "pular de nível". Vou explicar melhor do que se trata: pular um nível é simplesmente conversar com os subordinados de um líder diretamente. Então, sempre que um líder ingressava na organização sob a minha liderança, a primeira coisa que eu fazia era conversar com os liderados e buscar entender como eles se sentiam com a chegada do novo gestor. A resposta das pessoas era sempre muito sincera e direta: "Esperávamos mais, chegou mais um nariz empinado".

Eu sempre me questionava sobre o que fazer nesses casos, e depois de muitas repetições e com os mesmos resultados, decidi mudar a pergunta aos liderados: "O que você gostaria de saber sobre um novo líder quando ele chega à empresa?".

Aí, sim, a resposta veio totalmente diferente, e também direta ao ponto, o que me ajudou, e muito, a direcionar as novas lideranças que contratávamos para que pudessem mudar sua apresentação e, assim, atingir as expectativas das equipes que estariam liderando.

Fomos para a prova. Contratei um gerente sênior que lideraria um grupo de 150 pessoas. Antes mesmo da apresentação do profissional ao time, decidi incluir em minha conversa inicial com o profissional não somente as expectativas que eu tinha para aquele time e como seriam as contribuições esperadas por aquele gestor, mas também a instrução de não mencionar nada sobre sua formação nem sobre suas últimas passagens pelo mercado de trabalho, afinal de contas, aquelas já eram informações públicas, e os profissionais poderiam simplesmente consultar mídias sociais, como LinkedIn, e ter todo o seu histórico de atuação. Além disso, queria que o profissional fizesse um exercício – o qual vou compartilhar a seguir com você para que também possa utilizar em suas próximas apresentações. Esse tipo de apresentação funciona muito bem para qualquer cargo ou posição que você venha a ocupar, pois exalta suas características como profissional e mantém quem está ouvindo superatento. Contar uma longa história com uma linda trajetória pode chegar a dar sono naqueles que estão absorvendo a informação, por isso é importante ser direto e muito sucinto em sua mensagem, focando em trazer a informação que todos querem saber nesse tipo de situação: como seremos liderados e qual é o seu estilo profissional, ou como teremos que nos comportar para sermos bem-sucedidos juntos em sua gestão.

Antes de definir para onde vamos, precisamos saber onde estamos, então vamos começar com uma reflexão. Este exercício apresenta ferramentas para auxiliar você a identificar como anda o posicionamento da sua carreira, proporcionando a oportunidade de entender o que precisa ser trabalhado. Este é o primeiro passo em uma jornada que espero que seja de muito sucesso.

O objetivo do exercício é identificar os motivos pelos quais você faz o que faz e, assim, potencializar aquilo em que se tem facilidade, sendo melhor ainda naquilo em que já demonstra ter grande capacidade. Então vamos lá!

EXERCÍCIO:
BUSCANDO A PRÓPRIA DEFINIÇÃO

Em um lugar sem interrupções ou distrações e com papel e caneta à mão — também valem o celular ou notebook —, escreva dez palavras que o identificam como profissional. Escolha palavras que o movem, mas também aquelas que acredita serem atribuídas a você por seus pares profissionais. Vou te dar um exemplo. Quando fiz este exercício, minhas palavras foram:

- ↗ Aprendizado;
- ↗ Detalhista;
- ↗ Cuidadoso;
- ↗ Desafio;
- ↗ Resultado;
- ↗ Automotivado;
- ↗ Parceiro;
- ↗ Decisor;
- ↗ Corajoso;
- ↗ Transparente.

Para chegar a essa lista, tive que refletir por pelo menos três dias. Todo esse processo foi acompanhado por um consultor chamado Octavio Calonge, que naquela época me apoiava de perto. Mais adiante, contarei como conheci o Octavio e sua importância em minha carreira e meu desenvolvimento profissional. Hoje somos amigos e temos o prazer de dar boas risadas quando nos reunimos. Não foi assim quando o conheci, eu garanto.

Pronto, agora que você concluiu sua lista, convide dez colegas de trabalho, o seu gestor e dois familiares próximos – eu recorri à minha esposa e à minha mãe – e peça para que eles rapidamente repitam o mesmo exercício, só que

O AUTOCONHECIMENTO É FERRAMENTA ESSENCIAL QUE CARREGAMOS POR TODA A VIDA PESSOAL E PROFISSIONAL.

EMPREGABILIDADE EXPONENCIAL
@DANIELMORETTOOFICIAL

avaliando VOCÊ. Forneça as suas dez palavras e peça que incluam qualquer uma que não esteja na lista, mas garantindo que a quantidade de palavras não seja ultrapassada. Repare que, nesse momento, caso queiram fazer trocas, as pessoas terão que fazer substituições, eliminando as que consideram que não te descrevem tão bem para dar espaço às novas palavras. Uma tarefa importante deste exercício é a de calibrar o seu ponto de vista com o de outros profissionais e familiares. Você nem imagina quanto isso ajuda a nos conhecer e ser mais assertivos durante nossa jornada profissional. Fui apresentado a esse exercício quando já era CEO/*country director*, e apresento aqui para que você possa utilizar esse recurso maravilhoso desde já, esteja começando a sua carreira ou em um ponto de virada. Não importa qual cargo você está ocupando e qual almeja. Conhecer a si mesmo de maneira profunda e realista só trará benefícios para a sua trajetória.

Agora você terá catorze avaliações (a sua, as de dez colegas de trabalho, a do seu gestor e as de dois familiares próximos). Identifique as cinco palavras que mais se repetem. As minhas palavras foram:

- Aprendizado;
- Desafio;
- Resultado;
- Teimoso;
- Questionador.

Notaram que duas palavras que apareceram aqui não estavam na minha lista inicial? Pois é! Esse exercício escancara como as pessoas podem nos ver de forma bastante diferente do que imaginamos e ajuda a pensar como estamos nos comunicando e como são percebidas nossas atitudes. Muito bem, agora que temos as cinco mais citadas, podemos analisar o resultado.

Palavras negativas são indicações do que você deve trabalhar para melhorar e mudar a percepção que as pessoas têm de você. Nesses casos você pode refletir, reavaliar as próprias atitudes e pensar em ações que auxiliem nesse desenvolvimento. Se preferir buscar um profissional que o acompanhe nessa jornada de autoconhecimento, é importante encontrar alguém que já tenha passado por experiências parecidas com a sua.

Essa é uma dica de ouro! Se for contratar um coach com o objetivo de acelerar sua caminhada rumo a uma vaga de CEO, busque alguém que já tenha chegado lá, alguém que possa dar exemplos e dicas de autodesenvolvimento valiosas e, assim, encurtar seu caminho. Você não contrataria o estagiário de uma empresa como coach ou mentor, certo? Então, não faz sentido contratar uma pessoa que nunca passou por tal experiência para ser seu guia, pois correrá o risco de encenar o famoso ditado: "O cego guiando o caolho". Quando isso acontece, meu caro leitor, as chances de que seu sonho profissional fique cada vez mais distante são enormes, e você não vai querer isso para a sua carreira, não é mesmo?

Bom, voltando. Das cinco palavras finalistas, selecione até três com que mais se identifica – não preciso dizer que devem ser as positivas, certo? – e avalie o motivo da escolha. Pronto. Daqui para a frente, você vai repeti-las diariamente, como forma de lembrar você e os outros de que seu *eu* profissional se define dessa forma.

As minhas palavras escolhidas foram:

> **Aprendizado**, *pois, para mim, é importante estar aprendendo todos os dias. Se eu não estiver em um ambiente onde eu possa me desenvolver, facilmente perderei o interesse e possivelmente o emprego.*

> **Desafio**, *porque, no meu caso, se o desafio não for "monstruoso", gigantesco, eu perco o interesse. Gosto de ser lembrado pelas tarefas que concluí. Em outras palavras: para mim, é importante deixar um legado e ser lembrado por isso.*

> **Resultado**, *pois, se não vejo resultado, considero que meu esforço ou empenho foram em vão. O resultado é o que justifica as nossas ações e o que me move diariamente.*

E não basta ficar repetindo essas palavras na mente como um mantra, pois o objetivo é usá-las no seu dia a dia. No meu caso, achei uma maneira que funcionava bem: em todas as conversas em que eu precisava me apresentar, logo me definia: "Meu nome é Daniel e sou movido a aprendizado, desafio e resultado", e logo explicava o que cada palavra significava para mim.

Fiz esse exercício muitas vezes em apresentações para fornecedores e até mesmo clientes, mas o mais importante: fiz bastante em processos seletivos e em entrevistas, e esses foram os casos mais bem-sucedidos. Ao me ouvirem identificar o que me move, os recrutadores logo sabiam se eu estaria ou não alinhado ao perfil profissional que buscavam. Era ótimo para mim e para a empresa, pois encurtávamos a etapa de dúvida se esse "*match*" era ou não uma boa escolha. Acredito que esse foi um dos motivos de eu sempre ter a oportunidade de desempenhar minhas funções em períodos relativamente longos nas empresas por onde passei depois de aprender esse exercício.

Você já esteve em alguma reunião em que um novo gestor lhe foi apresentado? Agora me diga: você gostaria de ouvir o seu novo gestor (e o ego dele) contando sobre as universidades pelas quais passou, os cursos de que já participou – ou saber como ele se vê e é visto como profissional, e quais os são os principais aspectos no trabalho com ele?

Depois de um tempo, comecei a passar esse exercício para meus futuros líderes assim que chegavam à equipe, e tudo ficou mais agradável: as apresentações iniciais que duravam mais de uma hora e eram verdadeiros monólogos passaram a ocupar não mais de trinta minutos na agenda, já incluindo as perguntas do time no fim. Ninguém mais dormia nas apresentações, nem mesmo bocejava. Eu, que já quase dormi na apresentação de um gestor que repetiu cinco vezes suas grandes conquistas pelas empresas que tinha trabalhado, sabia que a equipe agradeceria a nova dinâmica.

Espero que esse exercício ajude você a entender um pouco mais sobre si mesmo e, assim, possa, independentemente de sua função ou de seu cargo na empresa em que trabalha ou deseja trabalhar, abrir portas, conseguindo funções na empresa que se alinham às suas expectativas.

O autoconhecimento é ferramenta essencial que carregamos por toda a vida pessoal e profissional, mas, para alcançá-lo, devemos identificar quanto antes as áreas em que somos fortes e também aquelas em que precisamos melhorar. Exercitar o autoconhecimento de maneira constante é um dos fatores que ajudarão você a encurtar o tempo até as conquistas de seus objetivos, então não deixe de fazê-lo.

COMO PROFISSIONAIS, COMETEMOS ERROS, E A MAIOR VIRTUDE DE UM PROFISSIONAL DE SUCESSO É COMO ELE LIDA COM ESSES ERROS.

EMPREGABILIDADE EXPONENCIAL
@DANIELMORETTOOFICIAL

02.
A IMPORTÂNCIA DE SABER SE POSICIONAR

No capítulo anterior, fizemos um exercício sobre autoconhecimento e como calibrá-lo em relação à percepção que outras pessoas têm de você. Agora é o momento de praticar no dia a dia as mudanças na sua imagem. Você deve estar se perguntando por que isso é tão importante para o seu crescimento profissional e como isso irá ajudá-lo a ser um profissional desejado pelo mercado, eu sei. Mas, paciência, garanto que é fundamental. Bora lá?

Um exercício excelente para mudar a maneira como você é percebido por seus colegas é utilizar o horário de almoço para fazer novas conexões e conhecer as opiniões, provavelmente bastante diversas entre si, de quem trabalha com você. Busque almoçar ou convidar pessoas diferentes para aquela pausa do café. Evite fazer parte de um único grupo ou poderá ter uma visão comprometida sobre o que pensam de você e até mesmo ter informações enviesadas sobre as dinâmicas da empresa.

Faça sempre muitas perguntas e, claro, evite entrar em discussões polêmicas e opiniões acaloradas sobre gestores, fundadores, clientes, pares ou quem quer que seja da empresa. Uma coisa é utilizar o horário de almoço e a pausa de descanso para aprender mais sobre sua imagem e o clima da empresa, outra bem diferente é alimentar intriga. Fofoca e comparações com outros profissionais são banais e não levam a nada que não seja um grande sentimento de frustração. Se tiver que fazer uma comparação com as informações que conseguir desses encontros, faça com você mesmo, principalmente quando os temas forem mais difíceis. Nada de especular e fofocar com colegas, pense em como você será conhecido. Seu progresso depende de que seja hoje melhor do que foi ontem. Se seguir esse caminho, ao final de um ano será pelo menos 365 vezes melhor profissional do que quando o ano começou.

Vou compartilhar uma história que aconteceu comigo. Trabalhei em uma multinacional que tinha à disposição dos funcionários um restaurante em suas instalações, e isso era fantástico. Naquela época eu era atendente de telemarketing, um cargo muito técnico, mas tinha decidido virar a chave e me tornar um supervisor. Não foi uma tarefa fácil. Estava acostumado, até aquele momento, a estudar muito e conseguir minhas certificações – e não foram poucas –, algo que demandava um alto nível de dedicação, mas que ainda não me satisfazia como profissional, pois a cada um ou dois anos lá estava eu novamente estudando para conseguir tais reconhecimentos formais e me destacar, mas nada mudava.

Pois bem, ingressei em um programa de formação de líderes da empresa. Eram aulas ministradas por gestores que já eram supervisores e investiam tempo na nobre missão de preparar os futuros gestores, em um ciclo que ajudava tanto a empresa a crescer quanto premiava essa dedicação extra com promoções. As aulas eram aos sábados e, como você deve imaginar, não era um dos cursos mais concorridos, mas eu sabia que me adiantar no processo e aprender como ser um gestor mesmo antes de me tornar um me daria uma grande vantagem. Na minha leitura, ter aquela certificação me tornaria um profissional cobiçado pelos diretores e gerentes, e acreditava que aquele era o caminho mais rápido para me tornar um supervisor.

Ok, você deve estar se perguntando onde entra o restaurante da empresa nessa história. Vamos lá. Eu fazia o curso e iniciava a semana de trabalho sedento por feedback, mas, principalmente, queria saber onde os atuais supervisores estavam falhando como uma forma de evitar cometer os mesmos erros. A cada almoço no restaurante da empresa, eu procurava me sentar com pessoas diferentes e muitas vezes tinha a sorte de me sentar com outros agentes de telemarketing ou suporte técnico. E lá estava eu fazendo perguntas e ouvindo atentamente o que cada um deles dizia sobre seus supervisores. Depois dessa experiência, posso garantir que falar mal do chefe não é um esporte apenas do brasileiro, mas ocupa lugar de destaque em outras culturas! Aquela dinâmica era importantíssima, uma rica fonte de informação para que eu pudesse nutrir meu aprendizado.

Claro que um ponto importante desse exercício é jamais cair no erro de começar a fazer parte das discussões e criticar o próprio gestor. Lembre-se de que, em um ambiente corporativo, tudo de negativo que proferir será usado contra você em algum momento, seja para tirar alguma vantagem no dia a dia, seja para puxar seu tapete em uma disputa por um cargo ou promoção, então fique atento! O ditado "Em boca fechada não entra mosquito" é um dos melhores para as dinâmicas do mundo corporativo, então não se deixe morrer pela língua! A melhor maneira de fazer esse exercício é saber fazer perguntas, e faça muitas sempre! Informação é a chave para aprender a tomar decisões em sua carreira.

Na maioria das vezes, se você não conseguiu a informação que estava buscando, é porque não fez as perguntas certas ou as fez para as pessoas erradas, portanto é importantíssimo exercitar a maneira de fazer suas perguntas e entender o *timing* necessário para absorver e interpretar as respostas que lhe foram apresentadas.

Muito bem, informações coletadas durante a semana e lá ia eu para o curso nas manhãs de sábado. Essa foi minha rotina por mais de um ano. As aulas eram muito proveitosas, e eu ainda tinha a vantagem de já ter informações privilegiadas sobre como muitos supervisores eram vistos por seus liderados, então chegava com muitas perguntas já preparadas para os profissionais. Eram informações extra-jogo que me colocavam adiante, pois até fazer as perguntas certas me colocava à frente de meus parceiros de aula na visão dos professores.

A empresa tinha uma política de promoções que se dava por meio de processo seletivo e permitia a participação de profissionais que ainda não tinham investido nos programas de desenvolvimento, mas levava vantagem quem tivesse, é claro, dedicado um tempo extra àquelas iniciativas. Outro ponto importante nesse momento é que os supervisores professores já influenciavam os gerentes na escolha porque sabiam quem eram os melhores e mais dedicados, dando uma excelente vantagem aos participantes dos programas de desenvolvimento.

Participei de um processo seletivo, e claro que o gestor já estava enviesado a me selecionar, pois já tinha o feedback do supervisor professor. Lembre-se de que, se você quer vencer, é importante comunicar suas habilidades e seus interesses, mas também demonstrá-las. Nossas ações comunicam a cada momento aonde queremos chegar em uma organização e enviam mensagens muito diretas àqueles que estão em busca de profissionais qualificados para compor seus times e continuar a crescer com a instituição. Por isso, jamais subestime o poder de suas ações e nunca perca uma oportunidade de mostrar e deixar claro seus interesses.

Esforço, foco, consistência e disciplina no início da carreira muitas vezes são os maiores catalisadores para o crescimento na empresa e na construção de uma reputação perante seus pares. Sempre digo que o primeiro exercício como gestor começa bem antes de conseguir o cargo: a primeira coisa que deve ser aprendida é a gerenciar os seus líderes. Pode parecer estranho, mas gerar expectativas e construir uma imagem sólida para seus líderes é um poderoso meio de pavimentar sua carreira.

Vamos recapitular o que é importante para o posicionamento como um profissional desejado e em vantagem em relação à concorrência:

↗ Informação é um privilégio. Aprenda a interpretar sinais e a absorver dados em qualquer interação com pares ou superiores;

↗ Se for para falar de alguém, fale bem. Toda informação poderá e será utilizada contra você. Acredite, o ambiente corporativo é muito parecido em todas as empresas, e a competitividade ocasiona essas situações;

↗ Aprenda com os erros dos outros. Não espere aprender com seus próprios erros, pois eles podem vir acompanhados de uma demissão ou mesmo de danos profundos à sua imagem. Lembre-se de que as pessoas não são estáticas em uma empresa, e você pode acabar cruzando o caminho de um ex-colega que lembrará facilmente tudo sobre você;

↗ Gerencie seus futuros superiores através de ações e informações adquiridas por meio de muitas, mas muitas perguntas feitas a seus pares. Os almoços e as paradas para café são momentos excelentes para isso.

Conhecer como melhor navegar no ambiente de trabalho é de vital importância para que sua estadia na empresa seja prolongada e seus objetivos de crescimento e potenciais promoções sejam impactados de forma positiva.

Vejo muitos profissionais excelentes no mercado, extremamente especializados e com competências técnicas aguçadas, mas com baixa maturidade organizacional e pouco entendimento da estrutura da organização onde trabalham, o que muitas vezes leva a uma demissão prematura por não terem conhecimento sobre as dinâmicas da empresa.

Para exemplificar, criei o mapa organizacional apresentado a seguir:

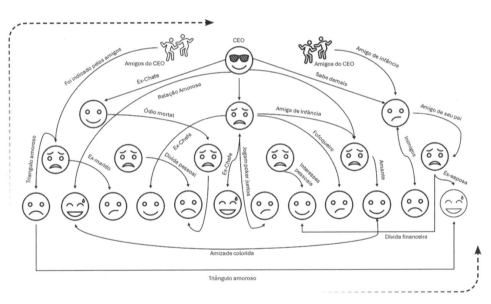

Fonte: Imagem adaptada do livro *A bússola do sucesso*, de Paolo Gallo, p. 140.

Já vi muitos profissionais iniciantes em cargos de gerência ou direção que ingressam em novas empresas afoitos por mostrar conhecimento. Essa é a pior forma agir em um ambiente onde você não conhece todas as conexões prévias. O mapa organizacional demonstrado é somente um exemplo da complexidade que pode se mostrar a estrutura de uma empresa.

Qual a melhor maneira de garantir que sua estadia na empresa não seja encurtada pelo recursos humanos com a célebre frase: "Contratamos pela competência e demitimos pelo comportamento"?

A melhor forma de não ser demitido nas primeiras semanas ou nos primeiros meses de trabalho é ingressar na empresa com os ouvidos e olhos bem abertos, estar pronto para mapear a grande maioria dos relacionamentos já estabelecidos e não ser pego por "mau comportamento".

É extremamente importante entender que suas ideias, por melhores que sejam, se não estiverem alinhadas às dinâmicas já estabelecidas na empresa, podem simplesmente ganhar uma nova versão antes mesmo que você as apresente ao diretor. Os cuidados na comunicação ao iniciar uma nova jornada em uma nova empresa são cruciais para que você crie verdadeiras habilidades de relacionamento, identificando quais de seus colegas podem ser apoiadores e quando devem ser acionados na defesa de um projeto ou mesmo no alcance de sua ideia dentro do organograma.

Silêncio em alguns momentos também é sinal de posicionamento. Não são todas as reuniões ou todas as discussões em que você mandatoriamente precisa emitir sua opinião. Manter silêncio em questões sobre as quais você não possui embasamento técnico ou possui informações rasas pode evitar muitas dores de cabeça e explicações futuras. Identificar em que momento se pronunciar e escolher quais são as suas batalhas realmente importantes pode proteger sua imagem como profissional e evitar possíveis desqualificações por parte de companheiros de trabalho mais bem-informados.

A HISTÓRIA DE GILBERTO

Gilberto, um profissional de 54 anos extremamente qualificado na área comercial, construiu grande parte da sua carreira em uma empresa do varejo, entrando como office boy e galgando posições até chegar a diretor comercial. Depois de sair dessa empresa, estava com muitas dificuldades em se manter em qualquer emprego. Sua última aventura foi em uma empresa de meios de pagamentos na qual, apesar de ter conseguido o feito de vender dois projetos de grande porte em dois meses, seu conhecimento técnico e desempenho não foram suficientes para mantê-lo na cadeira recentemente conquistada.

Mas o que aconteceu?

Na primeira semana na empresa, Gilberto, querendo mostrar a que veio, se reuniu com todos os colaboradores do time comercial e fez um verdadeiro *assessment* técnico de seu time, mas não perguntou nada além daquilo. Nunca foi almoçar com ninguém, nunca parou para aquele cafezinho despretensioso para jogar um pouco de conversa fora. Focou somente os aspectos técnicos.

Era um time grande, cerca de trinta pessoas, composto por analistas, supervisores e gerentes comerciais. Um dos analistas em questão tinha muitas dificuldades em seguir processos e seus resultados eram pífios, mas tinha mais de quatro anos na empresa. Qualquer diretor comercial, em uma análise simplesmente técnica, teria demitido o jovem analista há muito tempo, mas Gilberto não teve a sensibilidade de tomar isso como uma pista de que havia algo a mais naquela dinâmica.

Na sua segunda semana na empresa, enviou uma lista de quatro profissionais que deveriam ser demitidos e substituídos por profissionais com melhores aptidões necessárias às funções. Gilberto estava empenhado nos resultados e certo de que iria conquistá-los facilmente, até que o departamento de recursos humanos retornou seu pedido com a informação de que nenhum profissional poderia ser demitido sem antes passar por um processo de treinamento e verificação de noventa dias e somente os profissionais que não atingissem os objetivos do gestor da área poderiam ser cortados.

Isso atrasaria o processo que havia desenhado, mas vamos lá. Com o acompanhamento do RH, Gilberto providenciou treinamentos e formas de corrigir o desempenho dos quatro colaboradores da área. Ao final do período, seguiu com sua recomendação de desligamento dos analistas. Apesar de todos os esforços, sua intuição e experiência em vendas estavam certos desde o início, e realmente aqueles profissionais não tinham a menor condição de seguir na empresa.

O RH acatou a decisão do gestor após o processo de recuperação de desempenho não ter o êxito necessário, e três profissionais foram desligados imediatamente, seguindo a solicitação do novo diretor comercial, mas um foi poupado. Gilberto estava irritadíssimo e, como o recursos humanos não passou maiores detalhes, foi diretamente falar da situação com o CEO. Alterado, não conseguia entender por que alguém com um desempenho pífio ainda continuava a fazer parte do quadro de funcionários da empresa. O CEO recomendou a Gilberto que se acalmasse e repensasse o pedido, mas Gilberto foi mais longe e simplesmente disse que o CEO deveria escolher entre ele ou o analista. Adivinha quem ficou empregado? Claro que o analista.

O CEO simplesmente retirou uma folha em branco e uma caneta de uma gaveta e colocou em frente ao diretor comercial, dizendo "fique à vontade para escrever sua carta de demissão". Gilberto o fez, pois já não haveria clima para continuar exercendo suas funções em um lugar que não atendia ao básico de suas decisões de gestão. Saiu da empresa sem entender tudo o que havia acontecido, mas um dia eu o encontrei em um almoço e ouvi sua história.

Como eu já conhecia o CEO, que também era o fundador, já sabia que alguns de seus parentes tinham cargos, algo completamente normal em qualquer empresa familiar. Perguntei a Gilberto o sobrenome do analista e, quando me contou, desvendei a charada: esse analista era sobrinho do CEO, filho do meio-irmão, por isso os sobrenomes diferentes, mas com laços familiares muito fortes. Venceu a família, perdeu Gilberto, que durou menos de seis meses em seu cargo como diretor comercial e agora tinha que explicar ao mercado por que havia sido demitido em tão pouco tempo.

Vamos aos fatos: todas as empresas familiares têm seus laços e suas pretensões de sucessão. Se você deseja um dia chegar ao cargo de CEO, *country manager* ou diretor executivo, tenha em mente que para isso não pode haver alguém já praticamente sentado naquela cadeira, pois se houver um filho ou uma filha já sendo preparado para a sucessão, mesmo que esse indivíduo ainda ocupe um cargo de *trainee*, gerente ou diretor, tenha a certeza de que as chances de ele chegar lá serão muito maiores que as suas. Por isso, sempre mapeie essas condições dentro das empresas ao buscar o seu desenvolvimento.

Voltamos aqui ao ponto mais importante da história: saber ler as entrelinhas do organograma ajuda na extensão de sua jornada na empresa, pois elas o auxiliam a desviar de possíveis obstáculos. Além disso, em muitos casos, usar esses relacionamentos extracorporativos a seu favor auxilia muito na sua escalada de carreira e em sua habilidade de recolocação, aumentando, assim, sua empregabilidade.

A cada dia que passa vejo mais e mais profissionais que são demitidos por situações "comportamentais". Claro que existem aqueles casos em que o comportamento é realmente determinante, mas uma grande parcela não soube ler as entrelinhas do organograma e as conexões ocultas entre as pessoas. Simplesmente foram demitidos por não saber lidar e conviver com uma cultura comportamental já existente e aceita por aqueles que ali estavam quando chegaram à empresa.

Como diria meu velho amigo Octavio Calonge, "pedra não sobe em árvore, se ela está lá é porque alguém colocou". Agora me diga você: na sua empresa tem alguma pedra em cima de alguma árvore? Pois bem, se sim, e você dentro do organograma tem o poder de decisão sobre a permanência ou não desse profissional na empresa, tenha em mente a importância de antes entender o organograma oculto da empresa e investigar melhor por que aquela pessoa ainda está ali. Uma vez mapeado que não existem relacionamentos impeditivos ou que possam colocar em risco seu emprego, bom, aí é hora de agir e executar o óbvio.

Por falar em óbvio, precisamos sempre estar atentos em nossas carreiras com aquilo que acontece ao nosso redor. É como um tabuleiro de xadrez, onde cada peça se move de uma forma diferente, mas, no fim, quem realmente sobrevive é o rei. Portanto, jamais tente ser mais realista que o rei, pois esse é um típico caso de disputa de poder do qual todos já deveriam saber o final.

Vamos a mais uma história que pode ajudá-lo a identificar situações parecidas no seu ambiente de trabalho e fazer com que sua jornada seja de muito sucesso e duradoura.

A HISTÓRIA DE ANGÉLICA

Angélica era uma profissional exemplar: de recepcionista da empresa chegou a ser diretora de operações, um verdadeiro caso de sucesso em que, passo a passo, conquistou seu espaço na empresa, bem como a confiança de todos. Mas, assim como todos os profissionais, nossas jornadas são cíclicas, e os altos e baixos são parte do dia a dia. Por mais disciplina e consistência que busquemos manter, é natural que em algum momento cometamos erros.

A empresa havia crescido de forma exponencial e alcançado o impressionante número de dez mil colaboradores ao final de sete anos, algo extremamente positivo, mas que tinha um determinante muito importante a ser considerado: um único cliente representava mais de 50% do

66 Empregabilidade exponencial

faturamento. Claro que ter clientes grandes ajuda muito no desenvolvimento de qualquer empresa, mas essa relação muitas vezes torna a empresa refém daquele cliente, e isso pode trazer graves consequências para todos na organização, incluindo seus investidores.

Angélica era responsável pelo desempenho da operação e do relacionamento com o grande cliente, que contratava serviços de terceirização de *contact center*.

Foram mais de cinco anos atendendo aquele cliente, um feito extremamente importante, afinal toda relação com clientes tem algumas fases, e a grande maioria dos executivos há de concordar: no início, tudo são flores e qualquer mera conquista é comemorada, depois a relação ganha maturidade e se estabiliza, a busca por eficiência bate à porta, e finalmente chega o momento em que reduzir custos ou ser extremamente criativo já não é mais suficiente. É natural as empresas buscarem cada vez mais eficiência, mas quando um limite é alcançado, o fornecedor é substituído por outro que prometa entregar melhores resultados. Alguém já ouviu uma história similar no ambiente corporativo? Pois é, acontece muito.

No caso da empresa de Angélica não foi diferente. Ao final de sete anos de uma relação de muito sucesso e retorno financeiro, o cliente solicitou o encerramento do contrato. O aviso prévio invariavelmente também se estendia aos mais de 5,5 mil colaboradores designados para aquele importante projeto. Cerca de quatrocentos seriam

A importância de saber se posicionar **67**

realocados para outros projetos, mas ainda restavam cerca de 5,1 mil, e ficava ali a difícil decisão de terminar o contrato de todos em noventa dias. Angélica procurou seu CEO, para quem reportava, pois queria negociar a manutenção de ao menos mais quinhentos profissionais.

O CEO lhe explicou que infelizmente todos aqueles colaboradores que não haviam sido realocados em outros projetos deveriam ter seus contratos de trabalho rescindidos para que a saúde financeira da empresa fosse mantida.

Angélica, por trabalhar muitos anos na empresa, conhecia de perto aqueles colaboradores, havia se tornado amiga de muitos, sentia que precisava fazer mais e decidiu enfrentar a decisão do CEO e não efetivar o plano de demissão. Por conta própria e sem comunicar ao seu superior, manteve os contratos de trabalho de quinhentos colaboradores que deveriam estar na lista de demissão em massa da empresa.

Na reunião de resultados que seguiu, ao apresentar os dados operacionais e financeiros da organização para o CEO, lá estava um rombo de mais de 2 milhões de reais que continuariam a ser vistos nos próximos meses. O CEO recordou a diretora de operação de que já haviam acordado que aqueles quinhentos colaboradores já deveriam ter saído da folha de pagamento. A diretora insistiu que eram pessoas que estavam há muito tempo na empresa e era injusto quebrar essa relação de confiança que havia se construído até ali.

O CEO lhe explicou que sua função era garantir que os 4,9 mil colaboradores que continuavam na empresa teriam total apoio e dizer a eles que a continuidade dos trabalhos deveria ser mantida. Que era inaceitável que o plano acordado anteriormente não tivesse sido executado. Angélica insistiu em sua posição, sem qualquer dado ou fato que suportasse sua decisão de um ponto de vista de negócios. A reunião se encerrou sem uma clara definição, apenas um saldo negativo para as contas da empresa.

Passaram-se dois dias, e a diretora de recursos humanos da empresa convidou Angélica para uma reunião. Era costume Angélica ter reuniões com o RH para o planejamento das ações de contratação e demissão de colaboradores. Acreditava que seria mais uma daquelas, só que não. Angélica estava sendo demitida junto com os quinhentos colaboradores que ela havia retido sem autorização.

Angélica tentou "ser mais realista que o rei" e confundiu a relação de conveniência entre a empresa e os colaboradores com uma relação de amizade ou familiar, quando os laços são o mais importante.

Saber diferenciar entre situações de emprego e amizade em uma relação é extremamente importante no ambiente corporativo. Uma empresa precisa ser financeiramente saudável para manter suas operações, e como muitos no mercado financeiro dizem, "o dinheiro não aceita desaforo". Assim, o CEO acertou no ajuste de suas contas para que fosse mantida a paz de 4,9 mil colaboradores, porém, para isso lhe coube a difícil decisão de demitir os outros 5,1 mil profissionais que não tinham mais atribuições na empresa. A única pessoa que não conseguiu fazer essa leitura naquele momento foi Angélica.

Em um café, Angélica me contou sobre o ocorrido e o tanto que tinha aprendido com a situação. O problema agora era provar ao mercado sua capacidade, conseguir atuar novamente como diretora de operações e ter a sorte de que a notícia sobre o ocorrido não chegasse a algum profissional envolvido no processo seletivo. Afinal, não são todas as empresas que contratam profissionais com erros tão grotescos de leitura do ambiente e de importância das suas ações. No meu caso em específico, olharia para Angélica como uma candidata de grande potencial, afinal profissionais que já cometeram erros e aprenderam com eles são menos propensos a repeti-los. Com certeza eu a contrataria, o problema é que não é todo dia que vagas para diretor de operações estão disponíveis.

Ainda temos muito mais transformações para que você se torne um profissional desejado pelo mercado de trabalho, a jornada está só começando. Vamos lá!

SILÊNCIO EM ALGUNS MOMENTOS TAMBÉM É SINAL DE POSICIONAMENTO.

EMPREGABILIDADE EXPONENCIAL
@DANIELMORETTOOFICIAL

03.
O QUE FALTA PARA CHEGAR LÁ?

Falamos de autoconhecimento, informação, posicionamento e agora falaremos sobre um ponto extremamente importante: como alcançar o seu objetivo?

O primeiro passo é saber aonde se quer chegar. Afinal,
se você não souber seu destino, qualquer lugar estará de
bom tamanho. É preciso definir exatamente onde você
quer estar a curto e médio prazo, mas o seu objetivo, sua
posição dos sonhos, não pode sair do foco.

E apresento aqui a chave para o início dessa construção! Com este exercício, vamos definir um objetivo e, de
trás para a frente, começar um planejamento dos próximos passos.

Vou dar um exemplo: quando ingressei na Fatec (Faculdade de Tecnologia do Estado de São Paulo) para cur-
sar Tecnologia da Informação, meu sonho era um dia ser
o presidente de uma empresa de tecnologia. Imagine só,
trabalhava como auxiliar de almoxarifado em Jaú, mas já
sonhava grande. Afinal, sonhar grande ou pequeno dá o
mesmo trabalho, então melhor gastar energia sonhando
grande, não é verdade?

Pois bem, eu queria me tornar um grande executivo,
esse era o objetivo que vinha de lá do fundo do coração.
Precisava agora entender qual seria o próximo passo para
chegar lá. A única forma de ter a certeza de que eu pode-

ria chegar a CEO ou presidente de uma empresa seria se eu fosse herdeiro. Ainda teria alguns desafios, mas certamente seria muito mais fácil percorrer esse caminho em uma empresa da minha família. No meu caso era muito diferente, minha mãe era diarista; e meu pai, soldador em uma metalúrgica, e eles não tinham tanta influência assim para que o famoso "QI" (quem indica) fosse válido no meu caso.

Meu primeiro passo foi definido, e agora eu precisava ter conhecimento técnico suficiente para garantir uma vaga em uma empresa ou um departamento de tecnologia em São Paulo. Afinal, Jaú não tinha tantas empresas de porte para tal oportunidade, e as que existiam eram familiares, por isso não poderia acreditar que eu seria escolhido para qualquer cargo importante na organização sendo que o filho ou a filha do dono já estavam predestinados a essa vaga no nascimento.

Outro ponto importante era que a área de tecnologia exigia conhecimento do idioma inglês, especialmente na cidade de São Paulo, onde as oportunidades são muitas, mas as melhores exigiam o idioma como ponto de partida, além de muito conhecimento técnico. Aproveitei que a empresa onde eu trabalhava oferecia um benefício importante: reembolso de 100% do valor investido em cursos de idiomas, e claro que tirei proveito disso.

Bora conectar os capítulos deste livro?

Quando falamos sobre autoconhecimento, mencionei as três palavras que me identificavam como profissional, lembra delas? **Aprendizado, desafio** e **resultado**.

Vamos lá:

> **Aprendizado:** *tive que me esforçar, e muito, para concluir a faculdade e em paralelo fazer cursos mais técnicos e concluir certificações. Isso me colocava à frente dos outros profissionais iniciantes com quem eu poderia estar concorrendo.*

> **Desafio:** *o desafio definido de querer um dia ser CEO de uma empresa era alinhado a mim como pessoa e como profissional.*

> **Resultado:** *depois de me preparar muito bem, acabei aceitando uma vaga na Costa Rica, país da América Central. A oportunidade surgiu, e eu estava preparado, tinha as certificações necessárias e o idioma. O resultado da minha preparação foi a validação de que eu estava no caminho certo.*

Não existe fórmula mágica, e todos nós somos seres humanos únicos, por isso as três palavras que me identificam não serão as mesmas que as suas, mas, sabendo como esses exercícios podem ajudar, tenho certeza de que aprender com esses exemplos já será uma vantagem brutal perante aqueles que não leram este livro. Passei muito tempo pensando sobre minha trajetória, uma carreira profissional espetacular, passando por várias empresas de grande porte e ocupando minha primeira cadeira de CEO com apenas 31 anos.

Com isso em mente, desenhei o método com meu coração e minha intuição. Se eu, que não tinha esse conhecimento adquirido, cheguei aonde cheguei e fui disputado pelo mercado em cada recolocação que passei, imagine você, que tem na palma da sua mão um livro extremamente poderoso, que pode ajudá-lo na sua transformação profissional com um processo definido? Sei que você deve estar pensando: *E por acaso agora ler um livro é garantia de emprego?* Não, claro que não. Mas é, sim, uma vantagem primordial perante a grande concorrência que existe para as melhores vagas nas melhores empresas. Afinal, você está tendo a oportunidade de conhecer, em primeira mão e por meio de minhas histórias de vida e do meu momento atual, como avalio profissionais que um dia devem estar ocupando minha cadeira.

As oportunidades aparecerão, elas chegam para todos, mas é importante estar super, ultrapreparado para que você não permita que nenhuma oportunidade seja perdida para você mesmo. Quem ganha uma promoção não é alguém de quem o gestor gostou mais, mas sim quem está mais bem preparado, mais bem posicionado e possui mais informações sobre o que está por vir.

EXERCÍCIO:
COMO ALCANÇAR GRANDES OBJETIVOS

1. Defina um objetivo extremamente grande para sua carreira, algo praticamente inalcançável hoje e que talvez leve vinte anos para acontecer;

2. Defina objetivos menores que você precisará concluir a curto e médio prazo, sempre alinhados ao seu objetivo principal;
3. Defina o próximo passo considerando o seu ponto de partida: o que você precisa fazer hoje para colocá-lo mais próximo de seu objetivo?

Lembre-se: a grande comparação é com você mesmo. Se existe alguém que pode atrapalhar o seu crescimento profissional e travar uma contratação, uma promoção ou um avanço em sua carreira, esse alguém é você mesmo.

Vamos fazer um teste rápido. Pare em frente a um espelho, olhe atentamente. O reflexo mostrará quem é o seu maior sabotador. É preciso humildade e autoconhecimento para identificar pontos de melhoria, sejam eles técnicos, de comunicação ou comportamentais, mas, no fim, é isso que o levará a ser um profissional desejado pelo mercado de trabalho.

Segundo o British Council, apenas 5% da população Brasileira consegue se comunicar em inglês, sendo que apenas 1% dessas pessoas possui domínio fluente do idioma.[8] Saber um segundo idioma é extremamente importante em um ambiente corporativo tão competitivo, e mesmo que hoje sua empresa não utilize um segundo idioma, lembre-se

---

[8] DINO, F. Apenas 1% da população brasileira é fluente em inglês. **Metrópoles**. Disponível em: www.metropoles.com/dino/apenas-1-da-populacao-brasileira-e-fluente-em-ingles. Acesso em: 15 jul. 2024.

de que toda empresa pode crescer e expandir, e essa necessidade pode ser preenchida com você. Recrutadores e *headhunters* estão sempre atentos a profissionais com um segundo idioma, e o inglês é sempre maioria por se tratar de um idioma utilizado na maioria das organizações.

Agora, quem nunca ouviu falar sobre a síndrome do impostor? Trata-se de um fenômeno psicológico no qual os profissionais duvidam de suas habilidades e têm um medo persistente de serem expostos como fraudes ou incompetentes, apesar de evidências objetivas de seu sucesso. Aqui estão alguns detalhes sobre essa síndrome que serão úteis para você:

> **Sentimentos de fraude:** *indivíduos que experienciam a síndrome do impostor frequentemente internalizam seus sucessos como resultado de sorte, erro ou engano, em vez de suas próprias habilidades ou méritos.*

> **Padrões elevados e autocrítica:** *muitas vezes, essas pessoas estabelecem padrões extremamente elevados para si mesmas e são muito autocríticas. Mesmo alcançando o sucesso, elas não conseguem internalizar a ideia de que são competentes.*

> **Comparação com os outros:** *elas tendem a comparar suas realizações com as de outras pessoas e acreditam que os outros são mais inteligentes ou mais capazes, ignorando suas próprias conquistas.*

Em resumo, a síndrome do impostor é um desafio psicológico comum, especialmente entre indivíduos altamente motivados e realizadores.

E COMO COMBATER ESSA CONDIÇÃO E EVITAR SABOTAR A SI MESMO?

Alguns anos atrás, em uma das empresas que dirigi, queríamos promover internamente um dos muitos supervisores a um cargo de gerente de operações júnior. De um total de cem profissionais, ao menos oitenta já possuíam todas as características e a capacidade para passar para a próxima etapa de suas carreiras, mas, acredite se quiser, somente três profissionais se inscreveram no processo seletivo interno. Um dos candidatos ainda mencionou, durante o processo de entrevistas, que não se sentia preparado para assumir uma função tão importante como a de gerente de operações.

Aqui vai uma dica importante: ninguém nasceu presidente de empresa, ninguém nasceu gerente de empresa, ninguém nasceu supervisor. Se a empresa onde você trabalha deu a você a oportunidade de participar de um processo seletivo, agarre essa oportunidade com unhas e dentes. Claro, se isso for realmente parte de suas expectativas de crescimento profissional – mas, se for, lembre-se de que o frio na barriga é algo natural do processo de aprendizado e evolução como profissional. É natural sentir medo daquilo que se desconhece, mas o mais importante aqui é que

O que falta para chegar lá? **79**

você se permita aceitar desafios, crescer e aprender. Errar é humano, mas se privar de uma oportunidade porque você mesmo selecionou seu próximo gestor é algo para reflexão, pois você pode estar passando pela síndrome do impostor.

Outro caso comum que já tive a oportunidade de presenciar é o de profissionais se autocriticando em público e minimizando sua capacidade de entrega. Uma autoavaliação é importante para você mesmo, a não ser que queira compartilhar seus pontos fracos com colegas de trabalho que, muito em breve, disputarão as mesmas vagas que você. Como em um jogo de futebol, nos quais muitas vezes os técnicos preferem treinar seus jogadores em estádios de portas fechadas e sem o acesso de torcedores e profissionais do time adversário, lembre-se de que os pontos que aprender sobre você podem ser pontos que sua concorrência sequer identificou, por isso muito cuidado em dar *spoilers* sobre você mesmo para a concorrência. Sim, seus colegas de trabalho serão sua concorrência quando uma oportunidade surgir, seja ela na mesma empresa, seja em um novo local de trabalho.

A HISTÓRIA DE ALEX

Alex é um profissional com quem tive a oportunidade de trabalhar enquanto era CEO de uma multinacional em Curitiba. Analista de *backoffice* que atendia ao banco de uma montadora de veículos, nosso cliente na época, Alex era muito aplicado e sempre se candidatava às vagas de supervisor que tínhamos na empresa. Após ser rejeitado em mais de cinco processos seletivos, procurou o RH para ter um feedback mais assertivo sobre sua situação e descobriu que o problema era a ausência do idioma inglês em suas habilidades, saindo da sala frustrado. Um dia me viu no restaurante próximo à empresa e perguntou se poderia me acompanhar no almoço, e claro que aceitei. Ele estava bastante chateado, não entendia por que uma multinacional exigia que o idioma inglês fosse necessário para promoções se a empresa estava no Brasil. Naquele momento, pedi que ele repetisse a frase: não entendia por que uma *multinacional* exigia que o idioma inglês fosse necessário. Somente deixando claro: toda e qualquer multinacional tem um idioma global definido, e a chance de o inglês ser o idioma dominante é muito grande.

Disse a ele que tinha duas opções: seguir se lamentando e tentar mudar a cultura de uma empresa de 110 mil funcionários ao redor do mundo ou ver aquelas negativas como oportunidades perdidas, grande incentivo para ingressar em um curso de inglês imediatamente e correr atrás do prejuízo.

Ele encontrou todo tipo de desculpa para não investir em um curso de inglês. Jogou a culpa até mesmo para a empresa. Foi aí que decidi dar um choque de realidade e mencionar que nenhuma empresa tem o dever de investir no profissional. As maiores empresas buscam os profissionais já completos no mercado e simplesmente pagam o salário que for necessário para preencher suas necessidades. Perguntei novamente qual opção ele escolheria a partir dali e acho que venci o profissional pelo cansaço: ele me disse que na próxima semana me procuraria para dizer onde tinha se matriculado para um curso de inglês.

Passaram-se três anos, e Alex realmente se comprometeu: durante aquele tempo, dedicou-se ao aprendizado de inglês. Venceu e conseguiu passar em um processo para uma vaga de supervisor na própria empresa. Na sequência, acabei seguindo novos caminhos e me mudando para São Paulo, enquanto Alex seguiu sua jornada como supervisor de operações, agora com algo a mais em seu currículo. Um idioma que talvez ainda não estivesse no nível para ser considerado fluente, mas já tinha sido suficiente para conseguir se destacar e ser selecionado para a vaga que tanto sonhava.

Passaram-se cinco anos e, em uma viagem de trabalho a Curitiba, acabei encontrando Alex em um shopping da cidade. Convidei-o para tomar um café, pois muito tempo havia se passado, e eu estava curioso para saber como tinha evoluído a carreira profissional daquele jovem que, tempos atrás, havia relutado em aprender um novo idioma. Alex me contava que ficou apenas um ano no cargo de supervisor na empresa onde trabalhamos juntos. Foi localizado por um *headhunter* no LinkedIn, que o convidou a participar de um processo seletivo para uma vaga de coordenador em outra multinacional, convite que ele havia topado.

Agora era gerente, já tinha viajado a trabalho algumas vezes, conhecido novos lugares, novas culturas e aperfeiçoado sua fluência no idioma. Em poucos anos, melhorou muito sua empregabilidade e alcançou um cargo de gerência antes dos 30 anos e a grande oportunidade de viajar ao exterior com tudo pago pela empresa. Me contou também que a cada três ou quatro meses um recrutador ou *headhunter* entrava em contato com ele para verificar seu interesse em participar de um processo seletivo. Rimos sobre aquele almoço em que ele tinha a intenção de convencer toda uma empresa de que sua cultura deveria ser mudada para atendê-lo. Alex estava feliz e realizado por ter conseguido ir muito longe em sua carreira com um pequeno ajuste de rota, um pequeno investimento que logo foi pago pelos próprios salários, agora muito maiores na função de gerente.

E você? Quantas oportunidades já perdeu por não possuir o idioma pedido pela vaga? Faça uma autoavaliação e busque alternativas. Esse investimento, quando ainda ocupa um cargo menor, pode parecer um absurdo, mas quando se alcança novos patamares pode ser irrelevante. O importante é cada dia buscar entender mais e mais suas áreas de melhoria e tentar diminuir a distância entre onde você está e onde você quer estar.

04.
DESENVOLVENDO HABILIDADES DE NETWORKING

Agora que você já tem ferramentas para exercitar seu autoconhecimento, descobrir como seus colegas o percebem e chegar à sua vaga dos sonhos através da definição de objetivos de curto, médio e longo prazo, é hora de colocar tudo isso em prática e começar a construir seu networking também fora da empresa. Nos primeiros capítulos deste livro, trabalhamos aspectos que o ajudam no ambiente de trabalho, e agora faremos exercícios para garantir que todo o mercado também conheça suas habilidades e seus interesses pessoais.

Investir em desenvolvimento pessoal por meio de conhecimento é a melhor das opções, afinal é um ativo que ninguém pode tirar de você e sempre lhe dará vantagem competitiva no mercado de trabalho. Participar de eventos em sua área de atuação é um excelente caminho para construir seu networking. O mercado em sua totalidade pode parecer gigantesco, porém, quando focamos um determinado nicho, notaremos que os executivos que palestram ou ocupam cargos de grande exposição nas corporações são basicamente os mesmos, e muitas vezes o que ocorre é simplesmente a mudança de CNPJ. Em outras palavras: os executivos são os mesmos, somente mudam as empresas por onde eles passam.

Participar de treinamentos, cursos e eventos é importante, mas não basta somente agregar conteúdo ao seu portfólio, é preciso construir networking conhecendo profissionais do seu segmento. O mesmo exercício do almoço e encontro com colegas no espaço do café é valido aqui.

Vamos começar pelos eventos: visite os estandes, busque entender o que as empresas oferecem, converse com os executivos que ali estão expondo, troque contatos – por meio de cartões, WhatsApp ou LinkedIn. Conectar-se a profissionais e segui-los nas mídias sociais pode fornecer informações valiosas sobre como eles mesmos estão evoluindo. Sempre que alguém buscar conexão contigo em uma plataforma como essa, aceite. Você nunca sabe se quem está buscando contato é um *headhunter*, um executivo em busca de profissionais com seu perfil ou simplesmente alguém fazendo o mesmo que você: construindo uma rede de contatos inicial.

Se você está no início de carreira, o melhor caminho é crescer sua rede de contatos nas plataformas sociais e não ser tão seletivo quanto a aceitar ou não os convites de conexão. Lembre-se de que quanto mais profissionais conhecer, melhor será para sua carreira, e até mesmo o anúncio em suas redes sociais dizendo que está em busca de uma nova oportunidade de trabalho terá mais alcance. As redes funcionam também para aqueles que empreendem, pois abrem muitas portas. É importante lembrar que as empresas são compostas de pessoas e os negócios são feitos entre pessoas, então nada mais justo do que conhecer o maior número delas que puder.

86 Empregabilidade exponencial

Passar estande a estande em um evento em São Paulo, por exemplo, pode significar percorrer mais de 10 km e possivelmente falar com mais de quinhentos profissionais em um único dia. Mantendo certa disciplina, poderá crescer sua rede de contatos em 5 mil profissionais todos os anos. Agregue a esses números as pessoas que pode conhecer em cursos técnicos de sua área, faculdade, pós-graduação, MBA, e por aí vai.

Você deve estar se perguntando: afinal, como manter todos esses contatos ativos? Claro que é impossível você ser próximo de tantos profissionais, mas é plenamente possível que você identifique aqueles com quem precisa manter contato e nesses investir em aproximação – buscando encontrá-los em eventos e atividades, por exemplo.

Pense da seguinte forma: quem decide sobre a contratação de um estagiário? Podem ser analistas, supervisores, gerentes, diretores. Um número grande de profissionais que podem contratá-lo ou recomendá-lo para vagas. E se você ocupa um cargo de analista? Quem define a contratação de um analista? Possivelmente supervisores, gerentes, diretores, e por aí vai.

Agora, se você ocupa um cargo de gerente e só constrói relacionamentos com gerentes, quais são as oportunidades que poderão surgir desses relacionamentos? Quem são os contratantes de gerentes? E se você está buscando uma vaga de diretor fora de sua empresa atual, com quem deveria construir relacionamentos?

Eu pessoalmente ocupei por quatro vezes cargos *C-level* aqui no Brasil, e o que mais acontece é receber mensagens de profissionais que me abordam no LinkedIn assim que uma vaga de diretor é publicada pelas empresas que represento. Os profissionais identificaram corretamente que eu serei o decisor final sobre a vaga, mas me enviar um pedido de conexão seguido de um e-mail pedindo para que eu o considere para uma vaga mais parece um insulto. Como posso considerar alguém que não conheço se não tenho a menor ideia sobre suas entregas e seus resultados?

Claro que, nesse sentido, levam vantagem aqueles profissionais que construíram relacionamentos mais longos e nos momentos de contato comigo fizeram seu melhor, tratando de demonstrar no que são realmente bons. O que você faria se um desconhecido abordasse você na rua e pedisse uma recomendação para uma vaga de diretor? Você se sentiria propenso a ouvir o profissional ou seguiria com o seu dia a dia? O mesmo acontece nas redes sociais. Abordar alguém do nada pode gerar uma certa rejeição e até mesmo piorar suas condições no processo seletivo. Por isso, o fator de maior importância é a construção de um networking enorme e sólido, com conexões de profissionais que podem um dia influenciar uma promoção ou uma contratação.

Ficar enviando currículos para desconhecidos é também uma grande perda de tempo. Ninguém parará seu dia para sequer olhar seu contato. Executivos educados dirão o que você quer ouvir, outros sequer o responderão. Por outro lado, executivos e profissionais que façam parte do seu círculo de relacionamento têm muito mais chances de considerá-lo ou até mesmo recomendá-lo para vagas em outras empresas com as quais possuem contatos.

Outra ferramenta importantíssima é ser ativo nas redes sociais. Curtir postagens com conteúdo de desenvolvimento profissional, comentar e compartilhar conteúdos que possam ajudar profissionais no desenvolvimento é sempre muito positivo para sua exposição à sua rede de contatos. Agora fica um aviso importante: a exposição nas mídias sociais precisa ser cuidadosa e muito bem construída, é necessário estratégia. Um ambiente profissional, mesmo que on-line, não está entre os melhores lugares para sair criticando opiniões diversas. Muitas vezes o conceito "quer ser feliz ou ter razão?" se aplica também para redes sociais. Querer ter razão em tudo pode ser um ponto de atrito, e o melhor é não cair nessa, ainda mais nas redes. Por quê? Porque, da mesma forma que você pode ser visto de uma maneira muito positiva em uma mídia social, o mesmo pode acontecer de forma negativa. Você terá mais chances de ser contratado ou promovido, mas pode ir pelo caminho totalmente oposto caso comece a sair disparando ódio na internet.

Controle suas emoções. Saber como se comportar e respeitar opiniões divergentes é extremamente importante. Questionar executivos de alto escalão em mídias sociais ou tentar expô-los ao ridículo pode, sim, fazer com que se lembrem de você. No entanto, essa lembrança será para garantir que você jamais tenha acesso à empresa deles.

Certa vez eu estava buscando um diretor comercial para uma das empresas em que atuei. Pelo menos dez profissionais viviam seguindo meus *posts* no LinkedIn, comentando e, em alguns casos, me enviando uma mensagem com uma história relevante que havia acontecido com eles. Esses mesmos profissionais, sempre que tinham a oportunidade, me convidavam para um café. Claro que eu, sempre que possível, aceitava o convite. O networking, na minha opinião, funciona nos dois sentidos. É importante ter muitas pessoas que conheçam suas conquistas e seus objetivos futuros como profissional. Um relacionamento era construído.

Quando a vaga foi anunciada publicamente em diversos canais, e em especial no LinkedIn, apareceram oitocentos candidatos, sendo que menos de 10% tinham as qualificações requeridas. Imagine: oitenta candidatos qualificados disputando uma vaga! Muito mais concorrido que um vestibular de uma universidade de renome.

Recebi aproximadamente quinhentas mensagens pedindo conexão no LinkedIn, que foram seguidas de muitas solicitações para "conversar sobre a vaga", porque eu havia compartilhado em meu perfil a tal vaga. Pessoas com quem nunca tive qualquer contato, que trabalham em empresas que não conheço, ou seja, pessoas que não tenho a menor ideia se são qualificadas ou não para as funções daquela vaga. O mais absurdo de tudo isso é que, quando compartilhei a vaga, deixei claro que o processo seria gerido pelo RH e até inclui o nome da profissional que estaria à frente das primeiras etapas. Além de tais profissionais que solicitaram a conexão não me conhecerem, estavam agora tentando cortar etapas e sequer haviam prestado atenção nas instruções. Ou, pior ainda: entenderam o funcionamento do processo, mas estavam ali tentando a qualquer custo cortar caminho e obter vantagens no último minuto do jogo.

Impossível encontrar tempo para atender tais profissionais, o que também seria desrespeitoso com aqueles que estariam seguindo o processo e buscando conseguir passar pelas etapas corretamente. O desespero é inimigo de qualquer recolocação ou promoção.

A disputa pela vaga ocorreu naturalmente e, dos cinco finalistas, dois eram profissionais que já praticavam networking comigo e coincidentemente eu tinha acesso até mesmo a seus ex-gestores, bem como a recomendações. Todos os cinco possuíam excelentes experiências profissionais em suas páginas no LinkedIn e também em suas falas, mas o detalhe e o esforço na manutenção do networking era o que os separavam e davam destaque para esses dois em relação aos outros. Os finalistas obviamente foram os dois que praticavam networking, principalmente porque essa é uma característica esperada em diretores comerciais, especialmente em ambientes de vendas de grande valor agregado e longos ciclos, em que a construção do relacionamento bem como a venda consultiva fazem total diferença. Os candidatos haviam demonstrado antes mesmo do processo seletivo que eram capazes de executar a função a que estavam almejando. Um deles foi selecionado por estar mais alinhado com o perfil buscado, mas ambos poderiam se dar muito bem na execução como diretores comerciais. A verdade é que o que os colocou em destaque foi sua disciplina e consistência em suas ações de networking.

O networking é construído ainda quando se está empregado para que, caso passe por um momento de transição de carreira ou desemprego, se tenha um número grande de pessoas que possam se lembrar de sua capacidade e especialidade. Quanto mais profissionais e melhor a qualidade dos relacionamentos, melhores as chances de recolocação em um mercado de trabalho tão competitivo como o brasileiro.

A MINHA HISTÓRIA

Vou contar aqui uma história de quando eu era atendente de *call center* na Costa Rica. A empresa não possuía unidades no Brasil.

Em mais um dia de atendimento, estava eu em minha baia quando a CEO da unidade pediu ao supervisor que achasse alguém, entre os funcionários, que fosse brasileiro. Imagina só: eu, com 24 anos, atendente de *call center*, indo para a sala da CEO sem saber o real motivo. Chego, e ela logo me manda uma pergunta: "Se você tivesse que abrir um *contact center* no Brasil para empresas de alta qualificação, com profissionais que precisem falar inglês e tenham grande capacitação técnica, onde você abriria a empresa?". Minha resposta foi rápida: São Paulo ou Curitiba.

E lá veio outra pergunta: "Por quê?". Pensei um pouco para organizar as informações, mas fui firme em minha resposta: "Empresas de *contact center* precisam de muitos profissionais, e cidades como São Paulo e Curitiba possuem um grande número de pessoas, uma alta concentração de universidades de tecnologia e algo extremamente importante para uma empresa multinacional: ambas possuem aeroportos internacionais". A CEO agradeceu e acabou ali o diálogo. Mas saí daquela rápida conversa com um tremendo ponto de interrogação sobre os planos daquela senhora. Estavam buscando expandir a empresa?

Em vez de ficar me perguntando, decidi, sem que ninguém tivesse me solicitado, iniciar uma pesquisa e criar um documento sobre onde e por que abrir uma empresa no Brasil e em quais cidades, mas agora com dados, fatos e referências. Como eu trabalhava das 5h às 14h, decidi pedir a meu supervisor para ficar no local de trabalho e usar os recursos da empresa para produzir um estudo sobre as perguntas que a CEO me havia feito. Lembro que saí da empresa às 20h, mas saí com uma tremenda satisfação de quem havia produzido um documento de doze páginas que incluía dados da região, informações sobre concorrentes e operações, localizações e muito mais. Incluí informações sobre sindicatos, impostos e dados governamentais. Fiquei feliz somente de saber que eu tinha conseguido reunir tanta informação em um único documento e que, agora, sim, poderia dar uma resposta mais técnica e embasada. Enviei o documento antes de sair do trabalho.

No dia seguinte, minha audácia foi premiada com mais um convite para ir até a sala da CEO. E lá fui eu, agora preparado para muitas outras perguntas, mas quando cheguei a única pergunta que me fez foi se meu passa-

Desenvolvendo habilidades de networking **93**

porte estava em dia. A CEO me pediu que eu procurasse a secretária dela, pois na semana seguinte eu iria de tour com ela para o Brasil, e ela gostaria que eu deixasse todas as minhas tarefas e focasse conseguir reuniões com concorrentes, governo, sindicatos e profissionais renomados no mercado. Ela queria que eu liderasse aquela visita e cuidasse pessoalmente da organização.

Era uma oportunidade de ouro que eu jamais deixaria passar, tamanha era a responsabilidade, além de um verdadeiro pote de ouro que poderia estar ao fim não de um arco-íris, mas ao fim de uma viagem de negócios que fosse bem-sucedida. Qual melhor visibilidade do que essa – eu agora poder viajar e mostrar minhas habilidades ao vivo para a presidente da empresa? Aquela oportunidade não tinha preço! Eu tinha que conseguir fazer um excelente trabalho e conquistar sua confiança e admiração!

Agendei reuniões com CEOs, fiz amizade com uma série de secretárias e me apresentava como executivo da multinacional onde trabalhava. Uma empresa admirada e referência no mercado no qual atuava. Foi até fácil conseguir acesso, afinal o interesse de negócios, por uma venda das empresas, por uma parceria ou mesmo por entender quais eram os objetivos de uma gigante do mercado de BPO estar se planejando para entrar no mercado brasileiro, era ao menos intrigante. Foi uma excelente experiência vivenciada. Tive a oportunidade de conhecer muitos executivos de primeiro escalão e participar de reuniões tão estratégicas, que muitos diretores em suas vidas não terão acesso. Vivi cada momento e consegui comprovar minhas habilidades de negociação para a pessoa que se sentava na primeira cadeira da empresa. Ganhei um caminhão de experiência naqueles dias, e o mais gratificante foi que, após as três primeiras reuniões lideradas pela CEO da empresa, ela mesma disse: "Agora é sua vez, apresente a empresa como se fosse o CEO". Aquele foi o meu momento de glória, um sonho realizado, uma missão cumprida com excelência. Ali eu deixava uma marca.

Voltamos para Costa Rica, e a CEO imediatamente me inseriu em um processo seletivo para gerente regional de projetos. Infelizmente, naquele momento não consegui o objetivo, pois candidatos mais bem preparados do que eu acabaram sendo selecionados, mas o que aconteceu naquela viagem era a maior prova de que fazer o meu melhor, e não somente o que era possível, foi o que havia me colocado ali. Nenhum outro agente de atendimento em uma empresa de dois mil colaboradores havia sido convidado a participar do processo seletivo, nenhum supervisor, nenhum coordenador. Somente gerentes e diretores, e lá estava eu, participando daquele momento único que era poder estar em um processo seletivo relevante.

Foi uma conquista extremamente importante, que garantiu que meu nome fosse ao menos lembrado pelo alto escalão da empresa.

Naquele momento eu poderia ter limitado o meu escopo de ação e ter feito somente o meu trabalho. Após a primeira conversa com a CEO, eu poderia simplesmente não ter feito nada, mas a minha proatividade naquele instante fez toda a diferença e talvez tenha sido o gatilho para que eu pudesse estar onde estou atualmente. Se eu não tivesse sido proativo naquela situação, talvez tivesse tido outras oportunidades, mas confesso que aquela experiência me abriu portas e ideias que me levaram a entender que o mundo corporativo era muito maior e mais interessante do que tudo aquilo a que eu já tinha tido acesso.

QUANTO MAIS PROFISSIONAIS E MELHOR A QUALIDADE DOS RELACIONAMENTOS, MELHORES AS CHANCES DE RECOLOCAÇÃO EM UM MERCADO DE TRABALHO TÃO COMPETITIVO COMO O BRASILEIRO.

EMPREGABILIDADE EXPONENCIAL
@DANIELMORETTOOFICIAL

05.
SEJA PRESENTE, OUÇA ATENTAMENTE

Antes de começar a contar uma outra parte importante da minha trajetória profissional neste capítulo, eu peço que você faça uma reflexão de trinta minutos. Escolha um momento de sua carreira, independentemente do seu segmento ou do cargo ocupado. Escolha um ponto em que você tenha se sentido dono da verdade e não tenha ouvido o profissional do outro lado, e que isso tenha sido o fato causador de uma mudança drástica em sua carreira, seja ela uma demissão, seja a perda de uma vaga que você queria em um processo seletivo. Escolheu?

Legal! Agora, tente imaginar o que teria acontecido na sequência daquele evento se tivesse ouvido a conversa atentamente e participado dela. Isso teria evitado uma catástrofe em sua carreira?

Ouvir atentamente, ou mesmo ser um "ouvinte ativo", como muitos coaches se referem, é algo que faz total diferença para seu autoconhecimento e a melhora de suas habilidades técnicas.

Minha primeira passagem como CEO, logo aos 31 anos, me permitiu uma das experiências mais gratificantes de minha vida e uma mudança de rumo sem precedentes – ou melhor, uma retomada de rumo.

Eu retornava de uma jornada de crescimento profissional na Costa Rica, uma passagem de exatos oito anos em uma carreira meteórica de agente de atendimento – isso mesmo, atendente de *call center* –, até chegar a CEO da primeira unidade brasileira, localizada em Curitiba. Durante aqueles oito anos, copiei modelos de gestão conflitantes com a cultura brasileira, mas que, para aquela gestão, naquele momento, eram exemplos de muito sucesso. Indo direto ao ponto: bater na mesa, ameaçar com demissão, levantar a voz e liderar por meio de um modelo totalmente autoritário era motivo de sucesso e resultado. Ao menos naquele momento e local, eram comportamentos totalmente aceitáveis e até mesmo aplaudidos. Pois bem, aqui no Brasil, com uma série de empresas disputando os melhores profissionais, é claro que havia também um fator influenciador para os profissionais terem maior voz dentro das organizações.

Cheguei a Curitiba em 8 de maio de 2009 e, três dias depois, já assumi minha função e o desafio de modelar a unidade nos mesmos padrões da Costa Rica. Afinal, todos os países onde a empresa possuía operações na América Latina se reportavam diretamente aos executivos daquele país.

A empresa era nova e tinha poucos meses de criação. Já havia alguns executivos selecionados pelo gestor que eu estava substituindo, e rapidamente busquei imprimir meu ritmo de trabalho e minha forma de gerir que havia desenvolvido em minha experiência no exterior. Sem ouvir e sem consultar os gestores locais que já faziam parte da equipe, chegamos ao resultado rapidamente e nos tornamos a única operação mundial a alcançar o equilíbrio financeiro logo no primeiro ano, o que nos rendeu um prêmio oferecido pela matriz em Tampa.

Você deve estar pensando: *Que baita conquista!*, certo? Pois é. Só que não!

Chegamos ao resultado, mas da forma mais equivocada possível. Atropelamos todos os gestores que tinham opiniões diferentes e nos tornamos um verdadeiro moedor de profissionais. Nossos índices de rotatividade de gestores eram altíssimos, e rodávamos praticamente todos os gestores ao menos uma vez ao ano, ou seja, 100% de *turnover*.

Em poucas palavras, era insustentável que conseguíssemos continuar crescendo naquele ritmo com tamanhos problemas de comunicação, ou melhor, de audição, que nesse caso era meu: um CEO que não se dispunha a participar de reuniões individuais com as lideranças e pouco se importava com o que diziam, afinal eu já tinha conseguido chegar até ali e nenhum deles tinha tal feito no currículo. Eu, naquele momento, era um verdadeiro exemplo de arrogância.

Por três anos a empresa manteve seu faturamento e a rotina se repetia. Todos os anos, todos os gestores deixavam a empresa, ou melhor, deixavam o gestor. Eu era o catalisador de todos os problemas da empresa e fator determinante para que não continuássemos a crescer, repetindo o resultado alcançado no primeiro ano de minha gestão.

Imagino que deva estar querendo perguntar: "Mas você ficou naquela empresa por mais seis anos... então você manteve seu comportamento?".

Pois bem, como mencionei na introdução deste livro, a relação entre empresa e profissional é uma relação de conveniência. Em sua carreira profissional, inevitavelmente você passará pelo processo de demissão. Por mais que você não queira ou lute contra, é algo que acontece e está tudo bem. A mudança de necessidades das empresas é natural e esperada, então aqui o mais importante é você ter o controle de quando é o melhor momento para que isso aconteça e também saiba identificar quando isso se aproxima, para que possa colocar em prática ações que o posicionem como um profissional atrativo para novas oportunidades.

Muito bem, aquele não era o meu caso. Eu não ouvia os profissionais que trabalhavam diretamente comigo, menos ainda percebia os sinais de que uma demissão se aproximava. Havia sido um atendente que alcançara o status de CEO de uma das unidades, minha imagem estava presente em muitos países em um treinamento de liderança mostrando uma história de sucesso que estava por um triz.

Eu tinha uma autoconfiança inquebrável que me levava com velocidade total para um abismo. Era um verdadeiro estudo de caso, que certamente poderia fazer parte do livro *What Got You Here Won't Get You There* [O que lhe trouxe até aqui não vai levá-lo mais adiante], escrito por Marshall Goldsmith.

A empresa havia contratado um coach renomado para identificar se eu deveria ou não continuar com a empresa, que havia feito um alto investimento para que eu chegasse até ali, e meu salário, por ser prata da casa, era 50% do que um executivo de mercado normalmente ganharia. Me demitir ou não naquele momento era um dilema, pois o impacto não seria somente nos materiais de treinamento com minha imagem, mas nos custos que a empresa teria com a contratação de um executivo de mercado. Essa era a maior preocupação dos altos executivos, mas, para o diretor de recursos humanos da região, a substituição já era um fato consumado e somente era necessário documentar com um consultor externo para que os altos executivos da empresa autorizassem a decisão.

Em uma semana intensa, o coach ou consultor entrevistou todas as lideranças da empresa, todos que tinham algum contato comigo, e pediu que cada um deles fizesse o exercício de escrever em uma folha de cartolina com letras garrafais como eles me viam.

As folhas foram coladas nas paredes de uma sala de reuniões. Eu estava tenso, pois a cada encontro que eu tinha com os profissionais nos corredores, uns já me adiantavam que aqueles eram meus últimos dias como CEO.

Ao finalizar os exercícios com os profissionais que se reportavam diretamente a mim, o consultor, logo pela manhã, me chamou à sala onde estavam os cartazes. Me sentei e ele me explicou que aqueles cartazes continham tudo o que os profissionais achavam de mim e como eu os fazia sentir. Pediu que eu lesse cada um deles.

Li um a um, e lá pelo terceiro cartaz, havia uns doze, eu já chorava de soluçar. Me senti extremamente mal. Não acreditava que eu pudesse estar causando tanto estresse, tanta raiva, tanta repúdio naqueles profissionais. Aquele não era o profissional em que eu gostaria de ter me conver-

Seja presente, ouça atentamente **103**

tido, pois jamais coloquei como objetivo em minha carreira chegar a CEO e fazer com que a vida das pessoas fosse miserável a ponto de me odiarem do fundo de seus corações.

Ao finalizar, eu já não tinha condições de continuar na sala. O consultor, naquele momento, muito hábil por sinal, me disse que eu tinha duas opções. Uma era sair daquela sala e retornar no dia seguinte com um pedido de demissão ou investir em um processo doloroso de transformação que poderia me levar a ser o CEO que eu gostaria de ter sido, admirado por aqueles que trabalhavam comigo. Confesso que fiquei sem palavras, pois pedir demissão era o menor dos problemas: o grande desafio era o que eu estava causando como gestor. Eu poderia sair dali e talvez me recolocar em outra empresa e continuar cometendo os mesmos erros. A decisão era minha, mas o ouvinte naquele momento era o consultor, que habilmente me deixou respirar, o que naquele momento era muito difícil por causa do choro. Somente consegui dizer que eu responderia à pergunta no dia seguinte. Eu não tinha condições naquele momento, estava completamente nocauteado pelo exercício.

Consegue adivinhar qual foi o catalisador para que eu chegasse àquele ponto, àquele exercício? Eu mesmo? Minha atitude arrogante de não ouvir as pessoas com quem trabalhava? Minha atitude de não ouvir o entorno e ignorar que uma demissão se aproximava?

Se você pensou nessas hipóteses, acertou. Todos esses pontos foram os grandes causadores daquela situação em que eu mesmo tinha me metido.

Fui para casa com um peso enorme nos ombros e com a cabeça a mil, isso tudo antes mesmo do horário do almoço. Quando cheguei, fiquei na sala, tínhamos uma televisão, não liguei, simplesmente me sentei e chorei por algumas horas, estava imóvel. Quando minha esposa retornou para casa, me encontrou como um verdadeiro zumbi, tentou conversar e eu simplesmente chorava e respondia que precisava pensar em como me transformar no profissional que eu sempre tinha sonhado. O cargo era o que menos importava naquele momento. Minha preocupação era realmente corrigir meu comportamento. O exercício tinha sido um verdadeiro choque de realidade.

Dormi e no dia seguinte retornei à empresa. O consultor estava lá me esperando. Eu, com os olhos vermelhos, entrei na sala e me sentei. Fiquei calado, o único movimento que me interessava naquele momento era ouvir. Se eu tivesse tido essa atitude antes, não teria passado por aquele aprendizado avassalador. O consultor olhou bem nos meus olhos e perguntou: "O que você quer fazer? Quer desistir, pedir demissão e tentar recomeçar em uma outra empresa, ou decidiu pelo caminho mais difícil e quer continuar liderando essa empresa e que eu o ajude a ser aquele profissional que, no fundo do seu coração, você sempre sonhou?".

Respirei e respondi com outra pergunta: "Como sabe que no meu coração eu gostaria de ser um profissional diferente daquele que está mencionado nos cartazes?".

A resposta foi um grande choque: "Aqueles que me contrataram, todos, sem exceção, me deram todos os indícios de que você é um caso perdido e eu somente estaria

Seja presente, ouça atentamente **105**

aqui para validar o que já havia sido identificado para que você pudesse ser demitido. Mas, em toda a minha carreira, jamais vi um profissional em um cargo de CEO com tanta humildade, alguém que conseguisse chegar ao final do exercício e ler todos os cartazes. Seu choro me mostra que esse CEO que você criou é simplesmente uma cópia de algum modelo que você identificou como de muito sucesso, mas que, na realidade, não está na sua essência. Por isso, caso você queira continuar na empresa, eu o transformarei em meu caso de sucesso. Você receberá um investimento do meu tempo. Me sentirei bem se, ao final de tudo isso, te ajudar a chegar onde você deveria estar, em um lugar onde realmente sinta prazer no que faz e que seja admirado pelos profissionais com quem trabalha e até mesmo por concorrentes".

Aquilo me tocou de uma tal forma que minha resposta foi imediata: "Sim, quero continuar e quero que me acompanhe nesta jornada".

Minutos depois estavam na mesma sala o diretor de recursos humanos e a minha gestora, uma profissional da Costa Rica que eu admirava muito.

Ambos estavam certos de que eu simplesmente pediria demissão e seguiria minha vida. Porém, foram surpreendidos pelo consultor e sua leitura sobre o que ele havia identificado e quais seriam os passos recomendados. Agora quem estava em silêncio eram os dois executivos. Saí da sala e os deixei a sós, minha leitura era que o consultor não conseguiria me manter na empresa e seria convencido a reverter seu parecer.

Uma hora depois, me chamaram e retornei à sala dos cartazes, que continuavam lá como se fossem fantasmas. Eu entrava naquela sala e sentia todo o meu estômago revirando.

Sentei-me e rapidamente minha gestora anunciou que o consultor havia vencido. Iriam me dar uma chance e eu teria que seguir à risca o acompanhamento do consultor, que todas as semanas faria uma sessão de coaching comigo e também me indicaria todo um programa de desenvolvimento de autoconhecimento para que, assim, eu pudesse entrar nos eixos. Mas – claro que sempre tem um "mas" – somente seguiríamos se eu escrevesse a próprio punho um pedido de desculpas e, na sequência, chamasse todos os profissionais que se reportavam a mim para que eu pudesse ler, me desculpar e me comprometer com uma transformação radical.

Foi tremendamente doloroso. Nem todos os CEOs ou profissionais têm tamanha oportunidade de corrigir seu comportamento, e os que têm nem sempre conseguem aguentar a pressão de olhar no rosto de seus subordinados e pedir perdão.

Fiz a carta e segui com o pedido de desculpas. Esse evento me levou a muitas outras etapas, que culminaram em um novo profissional. Um profissional que agora não só ouve atentamente todos os seus subordinados como também ouve e busca ler cada momento dento da empresa.

Depois daquele dia, segui por mais quatro anos. A empresa cresceu de forma exponencial e, quando deixei a empresa, em 2016, ela havia multiplicado seu faturamento por quatro em apenas três anos. O índice de satisfação dos colaboradores saltou de último para o melhor em toda a América Latina e vivemos todos uma jornada incrível até que tudo isso fosse possível.

Se me perguntassem quais foram os principais aprendizados dessa tremenda lição de vida, listaria assim:[9]

- ↗ Quando estiver em uma conversa, esteja presente, ouça, pergunte e, se possível, anote. Mostre interesse no assunto e busque aprender ou absorver tais informações para que possa, em um momento posterior, refletir sobre a conversa. Ouvir é um ponto extremamente importante para uma boa relação no ambiente de trabalho ou mesmo no ambiente familiar;
- ↗ Não é preciso ter a razão em todas as conversas. Muitas vezes nos apegamos a "querer vencer" toda discussão. Ao longo dos anos, percebi que nada disso leva a lugar algum. Muitas discussões somente geram atrito e muitas delas são apenas assuntos banais;
- ↗ Quando estiver em uma conversa, evite responder com "não", "mas" ou "no entanto", isso invalida tudo o que foi discutido anteriormente e o coloca novamente como dono da razão, é como se você dissesse "estou certo e você está errado". Quantas e quantas vezes ouço diretores – isso mesmo,

---

[9] Estes 15 pontos são um resumo do livro *What Got You Here Won't Get You There*, de Marshall Goldsmith.

diretores – dizerem "concordo, mas" logo em seguida a uma resposta de alguém de suas equipes, invalidando completamente o ponto da outra pessoa! Evite!

↗ Você não precisa dar opinião em todos os momentos. Muitas vezes, simplesmente escutar já é suficiente. Dar sua opinião em toda conversa pode soar arrogante e, na maioria das vezes, você está sobrando. Lembre-se: o silêncio também é uma parte importantíssima da comunicação. Exercitar o momento adequado de se comunicar é um sinal de maturidade que apenas se conquista com experiências que somente a universidade chamada vida nos proporciona;

↗ Evite o desejo de avaliar outros profissionais, pares ou quem quer que seja. Mesmo que você seja um gestor, as avaliações são individuais e os resultados jamais devem ser compartilhados com outros profissionais. Comentar o desempenho de outros profissionais somente se for diretamente com o profissional e que seja um feedback direto e construtivo, sem intermediários e sem plateia. E fuja dos comentários destrutivos. Já dizia um velho amigo "Se não tiver nada de bom a dizer, melhor que se cale";

↗ Falar quando está de cabeça quente é completamente desaconselhado. Quando estiver frustrado com alguma situação, se a sua função permitir, saia para uma breve caminhada. Todos somos seres humanos e é completamente normal que tenhamos momentos em que nossa frustração pode se tornar aparente. Evite estar exposto aos demais companheiros de trabalho nesses casos e, o mais importante, evite falar nesses momentos. Um velho ditado já dizia: "Quem se enfurece perde";

↗ Comentários sobre si mesmo, sobre sua inteligência superior, somente afastarão as pessoas de você. Evite conquistar rejeição gratuitamente por meio de autoavaliações sobre seus feitos no trabalho ou na vida pessoal. Suas conquistas são para que você as comemore, e não para que demonstrem sua arrogância;

↗ A melhor maneira de afastar as pessoas é não reconhecer quando alguém fez um excelente trabalho. Feedback negativo se faz individualmente, mas um trabalho excelente deve ser reconhecido em público. Seja um par, um subordinado ou mesmo um superior. Busque ser autêntico e não saia distribuindo elogios sem um fato que apoie tal comentário. Tudo que é feito de forma muito frequente vira rotina e perde seu valor de fato. Busque os momentos adequados para reconhecer alguém no trabalho;

↗ Reter informação é uma péssima forma de gerar inimigos nos ambientes de trabalho. Seja um professor sobre os assuntos que domina em sua função. Ajude estagiários, se prontifique. Compartilhar informação é a forma mais humilde de se tornar referência. Torne-se referência;

- Seja pontual. Chegar atrasado a uma reunião é sua total responsabilidade. A construção de uma imagem sólida começa também nas pequenas ações, e chegar no horário para as reuniões, sejam elas presenciais, sejam remotas, é o mínimo que qualquer profissional deveria ter como premissa;
- Não insista em usar seu passado como uma desculpa para não avançar na carreira, todos têm uma história para contar e nada indica que a sua seja a história mais difícil da face da Terra, pois sempre existirá uma história de superação melhor do que a sua. Também não use conquistas anteriores para se justificar. Seu passado não garante que terá o mesmo sucesso, até porque as condições mudam, tudo muda a todo momento;
- Humildade em arrepender-se é vital para o bom andamento das relações. Quando cometer um erro evidente e de impacto, assumi-lo e deixar claro que se arrependeu de tal decisão é sinal de força no caráter. O respeito não se conquista por ser um profissional perfeito. Afinal, ninguém é perfeito;
- Cuidado para o mensageiro não ser punido. É comum, nas organizações, alguém trazer uma notícia ruim e ser lembrado por isso. As empresas que se utilizam do erro como aprendizado simplesmente agarram a informação, corrigem o curso e se tornam mais fortes. Há outras em que o mensageiro é quem leva a culpa e ainda acaba perdendo o emprego. Saber ouvir é extremamente importan-

te para identificar em que momentos você quer ser o mensageiro de uma notícia ruim, ou mesmo quando você é quem está recebendo a mensagem. Seja neutro, ouça, avalie e tome suas decisões, mas jamais mate o mensageiro;

↗ Remova o "eu" do seu vocabulário. Pratique o uso do "nós". Todos gostam quando são incluídos nos resultados, nas conquistas. Veja como fica mais agradável um mesmo comentário quando usamos o "nós" em vez do "eu": "Eu superei a meta de vendas em 150% este mês e puxei o resultado sozinho", contra "Superamos como time as metas de vendas este mês". Melhor, não é mesmo?

Você já sabe que ouvir atentamente é crucial, mas e quanto a ler atentamente as regras de um processo e os requisitos de uma vaga? Já parou para pensar na importância disso?

Pode parecer básico, mas no LinkedIn são publicadas inúmeras novas vagas diariamente. Em sua maioria, a descrição e os requisitos estão claros. Esteja atento para garantir que você tem ao menos o perfil adequado ao se candidatar. Se você está iniciando na carreira, se candidatar a vagas para diretor fará somente você e o recrutador perderem tempo. Busque por vagas mais alinhadas ao seu perfil.

Outro ponto importante é se conectar com o recrutador. Muitas vezes essa informação está na própria descrição da vaga no LinkedIn. Algumas pessoas também compartilham vagas de emprego para que aqueles profissionais conectados à sua rede de contatos possam se beneficiar e conseguir acesso às vagas, então fique atento ao *feed*.

Agora, casos no mínimo curiosos devem ser evitados, pois podem prejudicar sua recolocação ou até mesmo impedir a sua participação em processos seletivos futuros.

A HISTÓRIA DE ROSEANE

Roseane é mãe de um jovem recém-formado em Administração que está com dificuldades em conseguir seu primeiro emprego. Em vez de instruir o filho em técnicas de como se comunicar em plataformas profissionais, ela decidiu por conta própria sair abordando todo e qualquer CEO que apareça em sua linha do tempo com alguma postagem. Envia mensagens, envia currículo do filho e pede pelo amor de Deus para que ajudem o garoto a conseguir uma vaga. Muitos dos profissionais abordados sequer a conhecem, e alguns sequer estão conectados com ela na plataforma.

Eu mesmo recebi uma dessas mensagens e senti naquele momento pena pela mãe que pensa que está tentando ajudar o filho, mas que, na verdade, está complicando suas chances de conseguir um emprego. E por que isso? Porque a grande maioria das empresas busca profissionais que tenham determinadas competências adquiridas em formações, mas o principal é o brilho nos olhos do candidato, que muitas vezes o separa de uma vaga.

A mãe recomendar o filho pode parecer uma atitude nobre, mas já manda sinais claros de que o filho pode sequer estar interessado na vaga, que talvez esteja confortável na vida atual e pouco lhe interessa estar buscando emprego e se candidatando a vagas no LinkedIn.

Queridas mamães, deixo a dica: querendo ajudar os filhos e as filhas, busquem incentivá-los com investimentos em cursos e até mesmo auxiliando no entendimento da plataforma. Compre um livro para o seu filho ou a sua filha, mas não interfira na candidatura, tampouco apareça na empresa no dia da entrevista, pois isso deixa transparecer que o profissional não possui iniciativa. Isso vale também para maridos e esposas que estão tratando de ajudar seus cônjuges.

Diariamente recebo centenas de mensagens pedindo para que eu veja um perfil de LinkedIn e confira se a pessoas se encaixa em uma vaga na empresa. Várias dessas mensagens são de mães, maridos e esposas tentando recomendar seus entes queridos. Esse é o pior caminho para ser notado.

As vagas normalmente possuem todo o caminho que será percorrido no processo, e os sistemas possuem mensagens automáticas para quando seu perfil já foi descartado pelo recrutador. Eu mesmo já passei por isso várias vezes. O importante aqui é ser persistente e continuar buscando vagas e se candidatando nas que possuam alinhamento com o seu perfil e com a sua experiência ou formação.

Fazer networking e cultivar um bom relacionamento não é enviar o CV para alguém com quem acaba de se conectar e pedir para que compartilhe seu perfil ou um documento com toda sua rede de contatos. Isso claramente não é networking e seu CV será simplesmente descartado em uma lixeira, mesmo que digitalmente.

Relacionamento, networking, é um processo de aproximação e conhecimento sobre quem está do outro lado da conversa, é agregar valor à relação e trazer não somente discussões importantes e conteúdo, mas também poder mostrar tudo aquilo que você faz muito bem. Acredite, muitos profissionais ainda não têm ideia de quantos outros profissionais é possível alcançar através de simples postagens nas redes sociais e quanto isso pode deixar seu perfil em evidência para potenciais recrutadores e *headhunters*.

06.
QUEM JÁ CHEGOU LÁ?

Agora vamos falar sobre mentorias e como elas são importantes!

Claro que todos nós temos limitações financeiras e muitas vezes não conseguimos contratar um mentor que se dedique individualmente a nós, mas, se tiver condições, faça isso imediatamente. Ter um mentor que já chegou onde você quer chegar encurta o espaço de tempo e aprendizado para alcançar seu objetivo.

Agora, um ponto importante a levar em consideração é saber escolher o mentor. E por que isso é importante? Imagina só o caso do João, um profissional que acabara de entrar no mercado de trabalho. Havia estudado em uma das melhores universidades do país e se formado em Engenharia da Computação, atuava como analista de sistemas e tinha habilidades importantes no desenvolvimento de software em uma grande empresa do segmento financeiro. João tinha como objetivo ser um diretor de tecnologia da informação. Em uma conversa no refeitório da empresa, João me contou que havia contratado uma mentora para ajudá-lo com a carreira e a trilhar os caminhos para chegar um dia a ocupar um cargo de diretor de TI. Detalhe: a profissional contratada havia sido uma gerente de propaganda e marketing e já estava no ápice de sua carreira, mas nunca havia chegado a um cargo de diretoria.

Naquele momento, decidi intervir: "João, se você quer chegar a diretor de TI, chegou a pensar em contratar como mentor um diretor de TI?". No meu entendimento, a melhor maneira de transformar pessoas e suas carreiras é dando feedback direto e mais claro possível, de forma a fazê-las pensar em suas ações, refletindo e considerando outras opções. Por incrível que pareça, João estava surpreso com minha pergunta e ficou em silêncio. Como senti um desconforto depois de um silêncio, um olhando para a cara do outro, fiz mais uma pergunta: "Por que você acredita que uma profissional de marketing pode preparar você para um dia disputar vagas para diretor de tecnologia da informação?", dessa vez a resposta veio clara e contundente: "Vixe, fiz merda!". Fiz mais um pedido: "Me conta por que você acha isso". E aí veio seu entendimento. "Daniel, a profissional nunca chegou a um cargo de direção e, além de tudo, é de uma área totalmente diferente da minha! Sei aonde quero chegar, mas estou escolhendo o caminho equivocado, não tenho interesse em ser um gestor na área de marketing."

Muito bem, casos como o do João são mais comuns do que você imagina. Todos os meses encontro profissionais que contratam mentorias de profissionais que nunca chegaram aonde o mentorado quer chegar; além disso, são de áreas totalmente diferentes.

Imagine, por exemplo, alguém que queira um dia se tornar um diretor de recursos humanos. Contratar um jogador de futebol que tenha passado pela seleção brasileira não teria a menor condição de ajudá-lo a encurtar o caminho através de aprendizados da área.

Claro que, quando você investe em uma palestra e busca conhecimento geral em outras áreas, é comum que tenha como palestrante alguém com conhecimentos específicos em determinado tema que podem acender uma "chama" de um grupo todo para aquele assunto específico, mas isso é parte de um treinamento ou desenvolvimento que uma organização busca para atingir determinado objetivo de grupo.

Mentoria é algo muito sério. Antes de fazer qualquer contratação, é muito importante estudar o perfil do profissional que está considerando contratar. Busque por profissionais que já passaram por mentorias com esse profissional; se for um mentor reconhecido pelo mercado, ainda melhor, pois, nesse caso, você poderá utilizar da internet para buscar informações preciosas e conteúdo, bem como histórico profissional.

O investimento em mentores é extremamente importante. Como dizia meu pai: "O conhecimento é a única coisa que ninguém pode tirar de você, e se tiver que escolher, invista em você". Concordo com ele até hoje e sempre tomo minhas decisões sobre investimento tendo como prioridade meu próprio conhecimento. Quanto mais longe quiser chegar, quanto maior o resultado esperado, maior o investimento financeiro, o tempo e a dedicação necessários. Os resultados somente vêm por meio de muito investimento, trabalho e disciplina.

Muito bem, vamos agora avaliar o caso da Fernanda. Formada em Psicologia por uma universidade particular do interior de São Paulo, ela tinha como objetivo ser gerente de recursos humanos cinco anos após sua formatura na universidade.

Fernanda tinha um privilégio, pois vinha de uma família de classe média que possuía algumas reservas financeiras que poderiam ser usadas para colaborar no seu desenvolvimento. A mãe dela havia exercido cargos importantes em instituições financeiras e tinha consciência de que a preparação de Fernanda era extremamente importante para que, quando surgisse a oportunidade, ela estivesse pronta.

A então recém-formada conseguiu um emprego na cidade de São Paulo como analista de recursos humanos e auxiliava no trabalho de recrutamento de colaboradores para uma empresa do varejo.

Seu primeiro investimento foi em tempo e dedicação. Fez amizade com uma coordenadora de recursos humanos que todos os funcionários da empresa admiravam e sobre a qual contavam histórias muito positivas. Gestores também enalteciam a tal coordenadora. Em paralelo, Fernanda, sabendo da disponibilidade de sua mãe em ajudar, investiu e contratou por dez meses uma mentora que já havia sido diretora de recursos humanos em uma multinacional do varejo. A tacada de mestre de Fernanda foi ter consultado a coordenadora de RH de quem havia se aproximado na própria empresa. Pediu recomendações de mentores na área e já aproveitou para expor seu plano. Gestores, quando consultados com clareza por um bom ouvinte, sentem-se muito felizes em ajudar, e isso também marca suas memórias com a pessoa que pediu a ajuda.

Resumindo a história: Fernanda passou dez meses sob a mentoria de uma importante diretora de recursos humanos e, ao mesmo tempo, conseguiu que a diretora da empresa onde trabalhava soubesse de seus planos. Como a mentora e a diretora eram amigas, ambas compartilhavam as evoluções de Fernanda. Um movimento estratégico de carreira impressionante. Conseguiu uma mentora de primeira linha, com recomendação, e ainda por cima informou, por meio de palavras e ações, à sua diretora de que estaria investindo pesado na carreira e tinha muito interesse em um dia ser uma diretora de recursos humanos.

Com apenas 24 anos, Fernanda já se tornava coordenadora, aos 27 se tornou gerente e aos 29 anos ocorreu aquilo com que sempre sonhou. A diretora havia recebido uma proposta irrecusável para assumir uma vaga de vice-presidente de recursos humanos em outra empresa. Fernanda, além ter se preparado com uma mentoria potente, já possuía um MBA e falava inglês fluentemente. Contava ainda com a recomendação escancarada da diretora que estava deixando a empresa e transmitia total confiança ao presidente da organização ao afirmar que Fernanda era a melhor profissional para substituí-la e a equipe sequer sentiria a troca de profissionais.

Fernanda venceu e chegou lá! Encurtou tempo de aprendizado, aprendeu com os erros de quem já havia passado por aquilo, investiu em sua carreira e acreditou no seu potencial dedicando também o seu tempo e seu esforço àquilo que um dia fora somente um sonho. Realizou sua meta em muito pouco tempo. Tornar-se diretor de uma empresa antes dos 30 anos não é para qualquer um. Se você conseguiu, comemore, pois são poucas as vagas para esse nível da pirâmide da carreira profissional.

"Mas, Daniel, eu não tenho recursos financeiros para pagar um mentor de alto calibre que possa me ajudar a encurtar o tempo." Pois bem, hoje em dia existem as redes sociais, principalmente as dedicadas a profissionais, que despejam muito conteúdo que pode ser fonte de aprendizado se bem utilizado. O mais importante é separar o joio do trigo.

Aqui é onde você precisa ter o olhar de um recrutador: a partir de agora, está recrutando um profissional que trabalhará para a empresa "Você". Por isso, seja muito criterioso e cirúrgico ao selecionar o profissional que irá acompanhá-lo nessa jornada. Você deve estar se perguntando: "Mas para que preciso de tanto critério para escolher quem vou seguir nas redes sociais?". Muito simples: com o volume de informações nas redes, não dá para seguir o conteúdo de todo mundo, então que seja apenas dos melhores. Tem muito coach de empreendedor que nunca fundou uma empresa. Tem muito falastrão no mercado que não tem conteúdo e somente repete sem propriedade o que profissionais reais já fizeram com a entrega de muito suor e trabalho.

Aqui vou dar algumas sugestões importantes que podem ajudá-lo a encontrar perfis para seguir nas redes sociais:

- Veja o histórico do profissional: é alguém com uma carreira sólida?

- Verifique o número de seguidores. Alguém dessa área que tem apenas cem seguidores pode não estar antenado com os recursos tecnológicos, e por isso não sabe trabalhar suas mídias sociais, ou o que pode ser ainda pior: talvez o profissional não seja tão admirado por seus feitos;
- Quando começar a seguir um profissional nas redes sociais, busque comentar sobre isso no seu ambiente de trabalho. Isso ajuda a entender se o profissional tem o posicionamento desejado por aquela organização e se mais profissionais acreditam que seu conteúdo possui realmente algum valor;
- Siga profissionais que já chegaram aonde você quer chegar, mas acompanhe também profissionais que estão em cargos intermediários. Afinal, para se atingir uma grande meta, é necessário antes passar por micrometas que formam o caminho;
- Uma vez seguindo o profissional que seja exemplo para você, busque comentar em suas postagens e compartilhar aquelas que se alinham com seus princípios. O LinkedIn permite que os profissionais que tiveram suas postagens compartilhadas possam saber quem compartilhou. Isso gera uma aproximação e, quem sabe no futuro, pode acabar abrindo espaço para um convite para um café ou uma conversa presencial sobre um determinado assunto. Os relacionamentos, mesmo que on-line, precisam ser cultivados ao longo do tempo para

que se ganhe abertura e se possa estabelecer uma troca mútua de conhecimento;

↗ O LinkedIn faz recomendações de perfis de profissionais similares ao que você está seguindo. Isso ajuda, e muito, a filtrar e encontrar perfis da sua área de interesse e que possa inicialmente seguir e acompanhar as postagens. Vale a pena revisar quais são os perfis recomendados.

Cursos on-line de profissionais que já tiveram sucesso em suas áreas são também uma opção de aprendizado a um baixo custo que pode ainda facilitar seu acesso. Muitas vezes podem ser consumidos até mesmo no seu deslocamento de casa para o trabalho, do trabalho para a universidade etc. São muitos os cursos de especialistas que podem ajudá-lo em sua carreira, mas cuidado! Verifique sempre o histórico do profissional, verifique comentários e avaliações nas redes sociais para que você possa, antes de destinar recursos, ter a certeza de que o valor que tal curso pode agregar à sua experiência é realmente relevante e conduzido por alguém que já chegou aonde você quer chegar.

Pesquisar antes de comprar um curso on-line ajuda muito a tirar o máximo valor do seu tempo dedicado para a conclusão do curso. Já vi muitos casos de profissionais que ainda estavam no início de suas jornadas profissionais, com apenas 18 anos e um único estágio, se aventurarem na produção de cursos focados no desenvolvimento de CEOs. Não duvido da capacidade de ninguém, mas deixo aqui uma valiosa recomendação de quem já percorreu um determinado caminho e tem grandes chances de se recordar em como fazê-lo novamente e ainda encurtar o tempo para se alcançar determinado objetivo.

E livros? Você já criou o hábito da leitura? Você sabia que cerca de 84% da população brasileira acima de 18 anos não comprou nenhum livro nos últimos doze meses, segundo a pesquisa "Panorama do Consumo de Livros", divulgada em dezembro de 2023? Realizado pela Nielsen BookData e encomendado pela Câmara Brasileira do Livro (CBL), o estudo aponta que 60% dessas pessoas consideram o hábito da leitura importante, mas se sentem desmotivadas para comprar livros.[10] Os principais fatores citados são preço, ausência de loja e falta de tempo. Pois bem, se você investir na compra e leitura de ao menos um livro por ano, já estará entre os 16% da população brasileira que leu pelo menos um livro nos últimos doze meses. No dias atuais, existe também a opção dos audiolivros, que nada mais é do que livros convertidos em áudio que podem facilmente ser ouvidos durante seu trajeto de casa para o trabalho, no carro ou mesmo no transporte público. Os livros nos dão acesso a histórias e métodos de profissionais renomados que já atingiram muitas vezes aqueles grandes objetivos que um dia esperamos também alcançar. O investimento é muito pequeno para se ter acesso a metodologias e processos que

---

[10] 84% DA população adulta do Brasil não comprou nenhum livro no último ano, aponta pesquisa. **G1**. [*S. l.*], 7 dez. 2023. Disponível em: https://g1.globo.com/pop-arte/noticia/2023/12/07/84percent-da-populacao-adulta-do-brasil-nao-comprou-nenhum-livro-no-ultimo-ano-aponta-pesquisa.ghtml. Acesso em: 15 jul. 2024.

Quem já chegou lá? **125**

servirão para encurtar seu caminho até o sucesso, ou mesmo mantê-lo atualizado no mercado corporativo e em suas melhores práticas.

Independentemente do caminho escolhido, e a depender de sua capacidade financeira, é claro, uma coisa é certa: investir em conhecimento, investir em você mesmo aumenta, e muito, as possibilidades de retorno, o mantém bem-informado e agrega recursos que podem ser utilizados no seu dia a dia no ambiente corporativo. Investir em conhecimento é garantir maiores chances de sucesso em sua carreira profissional, aumentando sua empregabilidade.

Em minha juventude, o acesso a mentores e coaches era praticamente inviável devido às minhas condições financeiras, mas, mesmo em uma época em que a internet ainda não tinha o enorme alcance atual, os livros me permitiam sonhar e aprender sobre grandes personagens do meio corporativo e empreendedor. Um livro pode lhe dar acesso aos mais profundos pensamentos de um executivo ou empresário e levá-lo a agregar importantes considerações na formação de suas próprias opiniões.

Faça o melhor com aquilo que você tem e está ao seu alcance, mas garanta que a disciplina do aprendizado esteja sempre a seu lado.

FAÇA O MELHOR COM AQUILO QUE VOCÊ TEM E ESTÁ AO SEU ALCANCE, MAS GARANTA QUE A DISCIPLINA DO APRENDIZADO ESTEJA SEMPRE A SEU LADO.

EMPREGABILIDADE EXPONENCIAL
@DANIELMORETTOOFICIAL

07.
NÃO BASTA DAR RESULTADO

Me conta uma coisa: você já conheceu algum profissional que não tinha a melhor faculdade, não tinha o melhor currículo e muito menos tantos resultados como você, mas que ainda assim tinha uma capacidade tremenda de recolocação? Isso significa que esse profissional possui maior empregabilidade que você. Mas não se preocupe, pois vamos agora falar de importantes ferramentas e experiências que podem ajudá-lo na melhoria de sua empregabilidade, fazendo com que você se torne um dos profissionais mais desejados pelo mercado!

Vamos lá! Comecemos pela história da Ana, uma profissional que se identificava como gestora, mas era conhecida como "moedor de carne", pois todos aqueles que trabalhavam com ela ou adoeciam, ou acabavam pedindo demissão logo no primeiro ano. Focaremos agora as habilidades da Ana que a fizeram muito bem-sucedida em sua ascensão profissional. Deixaremos de lado por enquanto tudo o que já pregamos sobre gestores de primeira qualidade.

Quando a conheci, ela ainda era gestora de contact center de uma grande empresa europeia do ramo alimentício e cuidava da área de atendimento e relacionamento com consumidores finais, à frente de um time de pelo menos dez pessoas.

Nessa época, ela estava apenas iniciando na empresa, e notei que tinha uma habilidade tremenda em construir relacionamentos com seus superiores, utilizava todos os recursos para criar apresentações com dados que fossem extremamente claros, para que, assim, o entendimento de suas ações ficasse evidente. Tudo na apresentação que fosse um resultado positivo era destacado e mencionado em suas apresentações de resultados. Ela era hábil em entender o que seus gestores buscavam e sabia como ninguém converter dados em uma apresentação que favorecesse sua imagem profissional.

Outro ponto muito importante era o comportamento da Ana fora da empresa. Ela construía relacionamentos com as empresas que eram seus fornecedores e utilizava esses recursos para ganhar espaço na mídia através da participação de debates, publicação de artigos e em prêmios sobre a qualidade do serviço ao cliente oferecido por sua empresa. Ela estava sempre disposta a ir a eventos e participar de ações externas, criando canais para se relacionar e para que seu conteúdo, seja ele bom ou não, fosse transmitido e contado na sua versão. Com um perfil profissional impecável nas redes sociais, ela realmente se destacava e era facilmente encontrada por profissionais de consultorias de recursos humanos, os conhecidos *headhunters*.

Criar um perfil matador no LinkedIn envolve uma combinação de otimização, personalização e destaque das suas habilidades e experiências profissionais de maneira atraente para potenciais empregadores ou conexões de negócios.

Aqui estão algumas dicas para ajudá-lo a criar um perfil de destaque:

Foto de perfil: use uma foto de perfil profissional e amigável. Evite *selfies* ou fotos casuais. Uma foto de alta qualidade com um fundo neutro funciona melhor. Não confunda LinkedIn com suas redes pessoais. O foco aqui é a empregabilidade e convencer todo e qualquer profissional que visite o seu perfil que você, ou seja, o seu produto, é o melhor. Nada de fotos com o cachorro, de sunga, de biquíni ou mesmo fantasiado. Nada disso ajuda quando você está construindo a carreira. Claro que você vai encontrar perfis de donos de empresas com milhões de seguidores que fogem desse padrão, mas você está construindo sua imagem e é preciso todo cuidado e atenção aos detalhes para que você tenha condições de ser considerado o melhor profissional para a vaga a ser preenchida.

Título profissional impactante: seu título deve ser mais do que apenas seu cargo atual. Destaque suas principais habilidades ou áreas de especialização para atrair a atenção dos recrutadores. Busque ser específico e evite mentir aqui: se você está no seu primeiro emprego e é um analista ou estagiário, não seja muito criativo a ponto de substituir seu cargo, que já é conhecido por todos na sua empresa, por outro simplesmente para que seja mais "sexy" aos olhos do recrutador. Mentir no LinkedIn é como acender uma chama de rejeição com aqueles que o conhecem. O problema aqui é que as pessoas se falam e qualquer desvio será motivo para discussão nas rodinhas corporativas, bem como nos grupos de amigos do WhatsApp. É importante evitar propaganda negativa.

Resumo persuasivo: escreva um resumo conciso e convincente que destaque suas realizações, suas experiências e seus objetivos profissionais. Use palavras-chave relevantes para sua área de atuação para aumentar a visibilidade do seu perfil. Claro que é importante mencionar todos os resultados obtidos, mas uma regra muito importante é: jamais mencione os nomes dos clientes de seu empregador. A maioria das empresas não curte que seus nomes sejam ligados a fornecedores sem autorização prévia, e provavelmente algum documento assinado por você sobre não divulgação poderá se tornar um problema futuro. Foque você, e não as marcas para as quais trabalhou ou as quais representou durante seu último emprego. Por exemplo, se sua empresa prestava serviços para o iFood e você teve um excelente resultado em uma campanha de vendas ou captação, mas nunca trabalhou diretamente para o iFood, divulgar dados internos de resultados obtidos por um período que trabalhou com seu último empregador pode ser considerado uma superexposição e até mesmo fazer com que você seja preterido por muitas empresas que não gostariam de receber o mesmo tratamento.

Seções de experiência e educação detalhadas: descreva suas experiências profissionais e educacionais de forma clara e detalhada. Inclua realizações específicas, responsabilidades e projetos relevantes. Se for o caso, use *bullet points* para facilitar a leitura. Busque adicionar, a partir do seu curso universitário, todos os cursos dos quais já participou. Sua educação continuada mostra que você está preocupado com sua atualização. No LinkedIn, muitas vezes nos sentimos "pelados", e realmente isso é o que a plataforma proporciona, afinal deixa transparecer tudo o que fizemos de bom e coloca em uma vitrine para que potenciais "compradores" possam se interessar pelo nosso produto. Outro ponto importante é sempre gerar conteúdo no LinkedIn com suas participações em eventos, debates, apresentações etc. Tudo conta para chamar a atenção dos recrutadores e gerar o famoso "engajamento" das pessoas que compõem a rede. Engajamento pode fazer com que sua rede de contatos seja notificada cada vez que você dá um passo em sua carreira.

Recomendações e endossos: solicite recomendações de colegas, supervisores e clientes anteriores para validar suas habilidades e experiências. Além disso, peça endossos de suas habilidades-chave para aumentar sua credibilidade. Nada de timidez aqui! Sempre que alguém disser que você fez um bom trabalho, peça na hora para que seja incluída uma recomendação no LinkedIn. As recomendações são extremamente importantes para que os recrutadores possam entender a realidade de suas participações nas empresas onde esteve empregado.

Personalização da URL do perfil: personalize a URL do seu perfil para torná-la mais profissional e fácil de compartilhar. Por exemplo, linkedin.com/in/seunome. Nada de colocar nomes muito extensos. Facilite para que os recrutadores o localizem. Evite pontos, símbolos, carinhas felizes etc. Nada disso ajuda na hora de te encontrar. Eu já tive casos de candidatos que não conseguia encontrar na pesquisa do LinkedIn; depois de muito tentar, eu simplesmente desistia e ia logo para o próximo.

Palavras-chave e SEO (Search Engine Optmization): otimize seu perfil com palavras-chave relevantes para sua área de atuação. Isso ajudará seu perfil a ser encontrado por recrutadores e empregadores em pesquisas. Palavras-chave são importantíssimas, então vamos a alguns exemplos?

Tomemos o caso de busca na plataforma por um diretor financeiro. Quando um recrutador faz uma pesquisa para um profissional com essas qualificações, é possível que inúmeras combinações sejam utilizadas. Um recrutador que tenha familiaridade com o idioma inglês pode buscar o profissional pela palavra-chave "CFO" ou "*chief financial officer*". Pode também buscar profissionais que tenham tido experiência em outros países. Nesse caso, é altamente aconselhável incluir, em campos como o "Sobre" no Linkedin, onde o profissional pode mencionar sua experiência, palavras-chave como "Internacional" ou "Global", pois palavras assim serão com certeza parte da busca de empresas multinacionais. Também é importante mencionar que o LinkedIn possui uma função importante, que é mostrar o perfil em mais de um idioma. Eu mesmo tenho o perfil em inglês, português e espanhol, pois um recrutador de outro país que não fale português poderá também em suas ferramentas de busca rapidamente encontrar meu perfil com as palavras adequadas a seu idioma nativo.

Vamos a mais um exemplo, utilizando agora um cargo de programador júnior como referência. São muitas as linguagens de programação em que um programador pode ter vivência. Claro que um recrutador nem sempre terá a possibilidade de avaliar em um primeiro momento em quais linguagens de programação o profissional realmente é especializado, e por isso é importante mencionar em campos como o "Sobre" no LinkedIn, onde o profissional pode mencionar sua experiência, palavras-chave que definam as linguagens com as quais ele já teve contato "C-Sharp", "Java", "Python", "PHP" etc. Incluir palavras-chave que ajudem o recrutador a encontrar o seu perfil dão uma vantagem extrema sobre muitos candidatos. Muitas vezes candidatos muito bons sequer são encontrados por possuírem um LinkedIn muito vago e sem palavras específicas que recrutadores mais especializados podem utilizar em suas ferramentas de busca.

Compartilhe fatos importantes da rotina: se você, apesar de trabalhar em uma empresa de pequeno porte, se reportar diretamente ao dono da empresa, vale mencionar que você tinha interação com o CEO e, em muitos casos, com o fundador. Apesar das proporções, seja empresa grande, seja empresa pequena, a experiência de reportar diretamente para o maior cargo ou profissional de maior relevância dentro de uma empresa, independentemente de seu tamanho, ajuda muito a entender a que tipos de experiências você foi exposto durante sua jornada na empresa. Muitos profissionais minimizam tarefas importantes do seu dia a dia e omitem informações que são relevantes em muitos casos e ajudam os recrutadores a entenderem e até mesmo a formarem uma opinião antes mesmo da entrevista. Um analista com muito conhecimento adquirido por meio de cursos e treinamentos que não menciona ou não externaliza sua capacidade de análise de dados e geração de relatórios capazes de influenciar no processo decisório de uma empresa perde a oportunidade de demonstrar seus conhecimentos técnicos e garantir uma boa impressão para aquele recrutador que acaba de visualizar seu perfil no LinkedIn.

Pode parecer banal, mas não é. Imagine, por exemplo, uma aeromoça que utiliza suas redes sociais para demonstrar o cuidado em seu dia a dia sobre como receber e cuidar de seus passageiros. Essa passa a ser sua marca registrada, dedicando-se à entrega de um resultado superior, além de compartilhar fatos importantes de sua rotina. Você acredita que um recrutador, buscando preencher vagas de aeromoça, estaria interessado em perfis como esse nas redes sociais? Um perfil que, além de preencher uma vaga, pudesse se tornar um embaixador da marca? Todo profissional tem algo relevante em sua profissão que possa tornar sua marca registrada e uma fonte de conteúdo.

Conteúdo e engajamento: compartilhe regularmente conteúdo relevante e participe de discussões em grupos relacionados à sua área, pois isso demonstrará seu conhecimento e interesse. Aqui é onde o jogo da diferenciação se define e separam-se os profissionais que se sobressaem e conseguem recolocação mais rapidamente. Vamos a alguns exemplos que podem ser banais para muitos, mas na realidade não são muito utilizados por todos os profissionais.

Digamos que você foi a um evento de medicina. Claro que você deve deixar isso público, mas como? Somente tirando uma foto e dizendo que esteve lá? Claro que não! Aqui vão algumas dicas de como potencializar o alcance de sua postagem:

- Tire uma excelente foto. Tenha você e mais pessoas nela. Pessoas gostam de ver pessoas;
- Conte mais do evento e quais os objetivos de sua participação. Utilize mecanismos de *storytelling*, seja um contador de histórias. Toda participação

em um evento tem uma razão e as histórias permitem que as pessoas se identifiquem. E é aí onde ocorre a mágica do engajamento. É como uma campanha boca a boca em escala gigantesca, pois as proporções das mídias sociais são assustadoras;

↗ A esmagadora maioria dos profissionais possui um perfil profissional no LinkedIn. Se o profissional esteve contigo na foto, faça questão de mencionar e marcar o profissional na sua postagem. Isso multiplica a quantidade de visualizações que você pode ter em seu perfil e na sua postagem;

↗ Até que você tenha um número considerável de seguidores em seu perfil ou mesmo profissionais conectados contigo, use grupos de WhatsApp para compartilhar suas postagens e poder contar com amigos e profissionais próximos que possam aumentar o engajamento de suas postagens. Engajamento pode ativar o algoritmo do LinkedIn, que passará a recomendar suas postagens para outros profissionais até mesmo fora de sua rede.

Multimídia e projetos: adicione vídeos, apresentações, links para artigos ou projetos relevantes que você tenha realizado. Isso ajuda a destacar suas habilidades de forma mais dinâmica. O que isso significa: se você foi citado em algum artigo na internet, compartilhe em suas mídias sociais, nos seus grupos do WhatsApp e de amigos. Quando mais gente souber de suas conquistas, maiores as chances de encontrar alguém pelo caminho que se identifique ou tenha uma necessidade para a qual o seu perfil seja o ideal. Você ficaria surpreso com quantas coincidências ocorrem no mercado corporativo e grandes parcerias surgem de uma mera mensagem enviada com o artigo em que um profissional foi citado. Quem não é visto não é lembrado!

Agora, muito cuidado com os materiais que compartilha! Quem não se recorda do caso ocorrido com a empresa Movida, que possui ações negociadas na bolsa de valores brasileira e, em dezembro de 2023, teve os dados de balanço e metas da empresa vazados?[11] Um funcionário da empresa compartilhou uma foto de um evento corporativo organizado pela empresa que mostrava os brindes que estavam sendo distribuídos. Até aí, tudo bem. O problema é que nesses brindes estavam impressos essas informações sensíveis que não poderiam sair dali e das quais nem os investidores tinham conhecimento até então. A velocidade da informação nas redes sociais é brutal, e a publicação rapidamente chegou ao conhecimento dos investidores, causando uma queda brusca nos valores das ações na bolsa de valores.

Outro ponto importante é verificar se a empresa em que trabalha possui algum guia ou alguma política para mídias sociais. Apesar da necessidade de sempre se ter bom senso em suas postagens e manter uma linha de co-

---

[11] GIMENES, D. A explicação da Movida para a gafe que derrubou suas ações na bolsa. **Veja Negócios**. [*S. l.*], 12 dez. 2023. Disponível em: https://veja.abril.com.br/coluna/radar-economico/a-explicacao-da-movida--para-a-gafe-que-derrubou-suas-acoes-na-bolsa. Acesso em: 15 jul. 2024.

mentários positiva em prol da empresa e de suas iniciativas, partir de um documento oficial evita desconfortos na organização e o conflito com "egos" corporativistas de plantão. Por mais que a divulgação seja uma óbvia forma de promoção da marca da empresa em que trabalha, é sempre importante entender que temas e até que ponto algumas postagens podem interferir, e, nos casos mais extremos, encurtar sua carreira na organização.

Eu mesmo já tive casos em que qualquer postagem que tivesse o nome da empresa precisaria passar pelo crivo do jurídico, o que, na minha humilde opinião, é nada mais do que uma justificativa para a existência do departamento, ou, melhor dizendo, do excesso do micropoder. Imagine: como controlar tudo o que seus colaboradores postam nas mídias sociais em uma empresa de cem mil colaboradores? Simplesmente uma guerra perdida, além de um ponto importante de insatisfação com a intromissão exagerada em algo tão particular e pessoal. Adotar um manual de boas práticas é uma estratégia saudável em qualquer empresa e evita demissões-surpresa de profissionais de primeira viagem que, por simples descuido, colocam nas redes sociais dados ou informações que estavam na tela do computador em uma simples reunião do dia a dia. Assim, exigir que os colaboradores passem pelo crivo do jurídico antes de qualquer postagem positiva em prol da empresa é arcaico e, digamos, desatualizado. Em contrapartida, já conheci empresas onde "embaixadores" da marca eram extremamente valorizados e desejados em seu quadro

140 Empregabilidade exponencial

de colaboradores. Empresas que valorizam a presença de seus colaboradores nas mídias sociais promovendo suas boas práticas atraem talentos, clientes e pessoas que compartilham dos mesmos valores. Atualmente, muitas empresas com que tenho contato direto apreciam que seus diretores de recursos humanos, CEOs e demais diretores tenham presença nas mídias sociais mais relevantes. Conectar a empresa a seus consumidores, colaboradores e candidatos a possíveis vagas por meio do engajamento das mídias sociais é uma forma transparente de acessar profissionais da geração Z, além de uma oportunidade de aprendizado para quem não nasceu em uma era totalmente digital. As mídias sociais são ferramentas poderosas para que você possa explorar e garantir um importante espaço para a construção da sua marca pessoal.

Mantenha-se atualizado: mantenha seu perfil atualizado com suas experiências mais recentes, certificações e conquistas profissionais. Isso mostra que você está ativo e engajado em sua carreira. Ficar sem participar de cursos ou eventos é receita para desastre, por isso é extremamente importante que, mesmo desempregado, você continue participando de eventos e atualizando suas mídias sociais, pois um perfil estático e sem novas informações não chama a atenção de outros profissionais e muito menos de *headhunters* especializados. Os algoritmos das plataformas das redes sociais estão cada vez mais inteligentes e uma coisa é certa: perfil estático e sem atualização é um pedido formal para cair na irrelevância digital.

Lembre-se de que seu perfil do LinkedIn é uma ferramenta de marketing pessoal e deve refletir sua marca profissional de forma autêntica e atrativa. Aperfeiçoar esses aspectos pode ajudar a tornar seu perfil mais atraente para recrutadores e conexões profissionais. Seja você mesmo. Conte sua história. Como profissionais, cometemos erros, e a maior virtude de um profissional de sucesso é como ele lida com esses erros. Alguns tentam escondê-los, mas outros utilizam seus erros como aprendizado e saem mais fortes para enfrentar futuras situações muito difíceis. Lembre-se sempre de que, quanto mais alto o cargo em uma organização, maiores foram os desafios e as frustrações enfrentados por quem chegou lá. Tudo tem um custo e você precisa estar consciente de que o caminho será desafiador, mas, ao mesmo tempo, extremamente gratificante. Se você souber aproveitar suas oportunidades de divulgação em qualquer rede social, tenha a certeza de que esse tipo de marketing de você mesmo será de grande valia para sua evolução profissional.

A HISTÓRIA DE GABRIEL

Quero muito falar sobre o caso do Gabriel, um jovem estudante de Administração em busca de seu primeiro emprego. Tendo já realizado doze meses de estágio em uma startup de tecnologia e já finalizado sua graduação, Gabriel estava atrás de sua primeira oportunidade no mercado de trabalho. Com 23 anos e buscando emprego há mais de seis meses, até aquele momento não fora sequer convidado para entrevistas, mesmo após se candidatar para diversas vagas. Muito bem, decidi avaliar o perfil do Gabriel no LinkedIn.

Começando pela foto, ali já estava o primeiro erro. Sua foto de perfil no LinkedIn está mostrando seu corpo inteiro e vestindo bermudas. Vamos para uma primeira chamada de atenção para a etiqueta corporativa. Para que você consiga atingir o máximo de profissionais de recrutamento e eles se interessem pelo seu produto, ou seja, você como profissional, sua foto é sua carta de apresentação. Sempre recomendo aos profissionais que suas fotos sejam somente do busto e com um fundo neutro, de preferência com uma face amigável. Mas cuidado, não avance o sinal e faça caretas nas fotos, isso com certeza irá desqualificá-lo de muitos processos. Claro que muitos irão dizer: "Mas, Daniel, não existem muitas startups que permitem trabalhar de bermuda?". Claro que existem, mas se você for focar somente elas, terá menos chances de uma oportunidade de entrevista. Muitas vezes é melhor estar mais bem-vestido do que malvestido para qualquer ocasião. Ninguém está dizendo que você precisa de uma foto de terno, mas busque pelo menos ter uma foto profissional para que atinja positivamente a maioria das empresas.

Passando para seu histórico profissional, lá já notamos mais um ponto de atenção: sua experiência como estagiário não estava lá! Claro que eu não deixaria passar e logo lhe perguntei qual seria o motivo de deixar em branco sua experiência profissional. Gabriel me explicou que sentia vergonha de somente ter feito um estágio e não tinha adquirido muita experiência nos doze meses na startup em questão. Então pedi que ele me contasse sobre sua rotina na empresa e buscássemos por projetos, ajudas, relatórios ou qualquer outro aspecto em que talvez ele, com pouca experiência, não tivesse enxergado valor naqueles tempos. O que encontramos conversando com o Gabriel:

Em seus primeiros sessenta dias de estágio, Gabriel teve a gigante oportunidade de se sentar lado a lado com os gerentes das áreas comercial e de marketing, e teve acesso ao time financeiro. Eureca! Sim, era preciso mencionar que em apenas sessenta dias ele havia tido a oportunidade de conhecer o pulmão e o coração da empresa. Comercial e marketing são os departamentos que fazem uma empresa respirar, pois sem vendas uma empresa simplesmente não existe. Já o financeiro, na minha opinião, é o coração, é quem faz bombear ou frear os recursos para que as coisas evoluam. Gabriel entendeu na hora a oportunidade que estava perdendo ao não incluir esse feito em seu LinkedIn. Estava com tudo pronto para conquistar um recrutador e não estava vendo tal oportunidade mesmo e tendo vivido.

Outro ponto importante desse estágio do Gabriel foi que, ao passar por esses três departamentos e conhecer pontos específicos da empresa, perguntaram a ele qual seria o departamento com o qual havia sentido maior afinidade e onde ele gostaria de continuar seu estágio e contribuir para a equipe. Gabriel escolheu o departamento comercial, e foi ali que desenvolveu projetos importantes e participou, ao menos como ouvinte, de muitos outros. É sempre muito importante mencionar suas participações em projetos. Participar não significa que você precisa liderar, participar muitas vezes é ter feito ao menos parte de um grupo focal para desenvolvimento do projeto. Pronto! Gabriel estava encantado com o que poderia escrever em seu LinkedIn e bastante motivado porque descobriu que poderia então colocar seu produto, ou seja, ele mesmo, em uma vitrine muito mais atrativa do que ele mesmo podia acreditar. Dá só uma olhada na descrição de estágio que o Gabriel montou para colocar em seu LinkedIn:

Durante o estágio, tive a oportunidade de mapear processos críticos dos departamentos de marketing, comercial e financeiro.

Nesse processo, me identifiquei com a área comercial e, após sessenta dias de mapeamento, fui convidado a continuar meu estágio com foco nesse departamento.

Durante o período dedicado ao departamento comercial, tive a oportunidade de participar da implantação de um software de CRM que utilizamos para prospectar novos clientes e mensurar o desempenho de cada um dos vendedores. Também participei da elaboração de apresentações de resultados da equipe e colaborei na identificação de oportunidades de melhorias.

Ao final de meu estágio, tive a oportunidade de participar em um projeto de análise do perfil de cliente ideal que deveria ser prospectado, que culminou em maior eficiência do time comercial em sua totalidade e resultou em um aumento de 20% nas vendas mensais de nossos produtos.

Quando li o texto, fiquei de queixo caído. Eu contrataria o Gabriel facilmente. Ele já tinha uma bagagem que muitos profissionais de primeiro emprego não têm. Mas ele não conseguia transmitir isso.

Concluída essa parte da revisão do perfil, avançamos para suas informações de escolaridade. Lá ele mostrava até mesmo onde tinha estudado o ensino fundamental. Sendo bem sincero: qual é o recrutador que utiliza o LinkedIn e se preocupa se você estudou em um colégio no interior de São Paulo ou em um colégio no interior de Minas Gerais? Nenhum. Esse tipo de informação não agregava nada e tirava o foco do recrutador do que era mais importante: a experiência de Gabriel no estágio. Optamos por deixar somente sua graduação no curso de Administração.

146 Empregabilidade exponencial

Incluímos também cursos sobre técnicas de vendas em que Gabriel havia investido algumas economias, para deixar mais claro ainda seu interesse pela área e que estava buscando conhecimento constantemente.

Gabriel havia iniciado um curso de inglês no período noturno, ainda estava no básico, mas ali, em seu LinkedIn, não mencionava o segundo idioma e o nível em que estava. Claro que incluímos e mencionamos o nível básico. Aquilo era importante para que, se convidado para uma entrevista, Gabriel pudesse então mencionar que já havia iniciado um curso de inglês e estaria muito disposto a concluir em três ou quatro anos os níveis avançados, se especializando, assim, em um novo idioma.

Pronto! Gabriel tinha um novo LinkedIn!

Quer saber em quanto tempo o Gabriel conseguiu o emprego? Nem eu mesmo acreditei: em uma semana. Com o LinkedIn atualizado, o discurso alinhado e sabendo agora como se apresentar em uma primeira entrevista de emprego, o jovem deu um verdadeiro show! Conseguiu seu primeiro emprego em uma startup de software que precisava de um analista comercial júnior para a prospecção de novos clientes! Na minha visão, foi uma conquista em tempo recorde. Gabriel, que agora tinha um perfil profissional poderoso alinhado à sua experiência profissional, iniciava ali a escrita de uma história que tem tudo para ser fenomenal. Fico agora na torcida para que o Gabriel consiga evoluir cada vez mais e, quem sabe, alcançar novos níveis dentro da organização para a qual agora está contribuindo!

A MINHA HISTÓRIA

Muitos executivos de alto escalão têm muita dificuldade em se recolocar, na maioria das vezes porque os próprios aceitam humildemente que estão desempregados e têm vergonha desse momento passageiro pelo qual todos nós passamos ou passaremos.

Em agosto de 2023, passei por uma demissão devido a uma mudança de estratégia por parte da empresa onde eu exercia um cargo de executivo. Ser demitido não é fácil para nenhum profissional e a cada um de nós impacta de forma diferente, mas o importante aqui é quanto tempo demoramos para passar pelo luto da perda do emprego e em quanto tempo nos recompomos e vamos em direção à nossa nova jornada profissional.

Naquele dia, como era política da empresa não comunicar aos clientes e futuros clientes sobre a saída, um cliente que nem imaginava a situação me ligou logo após minha demissão para saber qual era a situação de um contrato que ainda estava pendente de assinaturas que permitiria iniciar a implantação de um projeto. Naquele momento, um sentimento muito ruim veio de dentro, mas sabia que precisava ter a cabeça no lugar para evitar que novos contatos fossem feitos e que a cada um deles o sofrimento da perda voltasse à tona.

Imediatamente fiz uma postagem no LinkedIn, agradecendo à empresa onde trabalhei por quase cinco anos, a todos os companheiros de trabalho, a todos os clientes e futuros clientes com quem estava mantendo contato, e ali mesmo já informava sobre minha saída. Ser grato em relação à empresa e aos companheiros de trabalho, independentemente de qualquer situação que se tenha passado, é importante, isso ajuda a abandonar o passado e olhar fixamente para o futuro, para seus próprios objetivos que estão por iniciar em um novo lugar.

Além da postagem, fiz questão de utilizar um artifício da plataforma no qual sua foto do perfil aparece em sua página profissional com uma espécie de selo dizendo que você está "*open to work*", ou seja, aberto a novas oportunidades de trabalho. Isso aumenta a visibilidade de seu perfil profissional para recrutadores e *headhunters* que utilizam ferramentas e filtros conectados ao LinkedIn.

Empresas contratantes também dão preferência a quem está disponível no mercado de trabalho, devido à possibilidade de início imediato caso venha a ser contratado.

Após habilitar a função, um executivo também desempregado entrou em contato comigo dez minutos após minha atualização, dizendo que eu deveria remover o tal selo e não informar abertamente meu status, pois isso poderia impactar minhas oportunidades de negociação salarial etc.

Claro que para mim aquilo não fez sentido algum, pois, como eu estava à procura de emprego, o melhor era ser transparente, usar as ferramentas que a plataforma me proporcionava e deixar de lado o ego a essa altura do campeonato para manter foco total na recolocação. Quanto antes recolocado, melhor.

No mesmo dia, fui contatado por três empresas, e aquilo me motivou a iniciar um processo de contagem das oportunidades que recebia, para que depois pudesse fazer um balanço da minha história de recolocação. Eu queria medir minha empregabilidade e entender se todos os meus esforços de networking e fortalecimento de minha marca pessoal tinham realmente surtido efeito.

Vamos aos números:

- Total de conversas sobre oportunidades: 29;
- Conversas de profissionais curiosos, sondagem de concorrentes e ex-clientes com interesses particulares, mas sem um objetivo de contratação ou projeto: 11;
- Projetos em que a remuneração não era um problema, mas não me identifiquei com a oportunidade: 12;
- Projetos em que eu tinha interesse, mas o meu perfil não foi o adequado e outro profissional foi selecionado: 3;
- Projetos dos quais fui o candidato finalista: 3;
- Resultado: recolocado em 71 dias e iniciando na nova função em 81 dias.

Um verdadeiro exemplo de sucesso em tempo curto, já que *headhunters* experientes comentam que, para vagas de *C-level*, o tempo médio de recolocação pode variar de seis meses a um ano, ou mais.

Ações assertivas e saber aceitar o momento passageiro do processo de recolocação me ajudaram e conferiram agilidade ao processo. Muitos *headhunters* me procuraram com vagas até melhores do que a que eu estava antes, pois acreditavam que agora, por eu estar disponível no mercado, seria mais fácil eu aceitar uma movimentação, o que seria quase impossível enquanto empregado.

O colega que me havia recomendado não utilizar os recursos do LinkedIn para minha recolocação já estava há quatro meses no seu próprio processo de recolocação e, quando eu me recoloquei, ele continuava desempregado. Do meu ponto de vista, seria quase impossível uma recolocação, pois para *headhunters* e recrutadores, ele continuava empregado na empresa que o havia demitido há alguns meses.

O primeiro passo para uma recolocação rápida e com várias opções é manter seu networking informado de seu interesse em voltar ao mercado, e nada melhor do que utilizar os recursos massivos fornecidos pelo LinkedIn para casos assim. Em um momento de recolocação, o que menos se deve ter é fixação pelo ego, pois aqui o objetivo é a recolocação, conquista que somente com foco e dedicação será possível realizar.

Como minha recolocação se deu de forma extremamente rápida e eficiente, muitos executivos me procuraram para saber se uma empresa de *outplacement* (traduzindo literalmente, recolocação) havia me auxiliado no processo. E, sendo bem transparente, no meu caso não foi necessário, uma vez que já vinha trabalhando minha marca pessoal nas mídias sociais ao apresentar minhas conquistas e mantendo um networking extremamente ativo e aquecido com muitos profissionais relevantes do mercado de trabalho.

Mas essa também pode ser uma opção importante caso você ainda não tenha feito o dever de casa. As empresas de *outplacement* possuem os mais variados pacotes de recolocação, mas o mais importante é que nenhuma delas dá qualquer garantia de que serão capazes de concluir seu projeto com o objetivo alcançado. Muitos pacotes incluem acompanhamento psicológico, revisão do LinkedIn, revisão do currículo e agendamento de entrevistas com potenciais empresas que buscam por profissionais de alto escalão.

Aqui aproveito para deixar um alerta, pois nem todas as empresas de recolocação possuem a seriedade necessária para um processo tão delicado como é esse. Fique atento aos casos de charlatanismo, afinal, como em qualquer outro mercado, nesse também existem empresas sérias e algumas nem tanto, como a da história que vou contar agora, sobre um fato que aconteceu comigo durante o ano de 2015.

Lá estava eu, em um dia qualquer de trabalho, quando uma diretora de uma empresa de *outplacement* me abordou no LinkedIn solicitando um horário para que pudéssemos falar. Aceitei o convite e encontramos um horário que fosse bom para os dois entrarem em chamada. Durante nossa conversa, a profissional me contou que tinha um cliente em busca de recolocação que tinha que participar de ao menos de cinco entrevistas com CEOs, e por isso havia me contatado. Expliquei a ela que eu não tinha nenhuma vaga no momento, mas ela insistiu mesmo assim para que eu conhecesse o profissional, pois tinha uma meta a ser cumprida. Naquele momento, ficou claro para mim o objetivo daquela ligação: simplesmente cumprir um requisito contratual com a pessoa que estava à procura de emprego. Eu acredito que a atitude da diretora não era nada profissional e ética, e decidi não seguir com a entrevista, afinal isso tomaria meu tempo e seria simplesmente um teatro para a pessoa que está em busca de uma vaga real e passando por um momento de bastante tensão. Com recolocação não se brinca. É importante ter princípios.

Não aceitei fazer a entrevista e, além disso, informei a diretora de RH da empresa em que eu trabalhava para que não considerássemos qualquer situação de negócios com aquela empresa. Afinal, se estavam tendo aquela atitude com o profissional, facilmente repetiriam o mesmo comportamento conosco.

Caso venha a contratar uma empresa de *outplacement*, busque adicionar metas claras ao contrato e sempre mantenha um percentual referente ao sucesso da sua contratação com o auxílio da empresa. Um exemplo seria pagar um valor fixo de 60% e, em caso de contratação por meio das entrevistas agendadas pela empresa, um adicional de 40%. Ao menos assim você garante que pagou pelos custos da empresa e tem um valor direcionado ao sucesso do processo conduzido por eles.

08.

SER DESEJADO PELO MERCADO ALIMENTA O EGO

O título deste capítulo pode parecer até mesmo um pouco arrogante e egocêntrico. Mas, cá entre nós: faz um bem danado ter uma série de *headhunters* nos procurando para novas oportunidades, mesmo quando estamos felizes onde estamos, não é verdade?

Ter opções nos dá o conforto de até mesmo tomarmos decisões mais assertivas em nossos empregos atuais. Quantos e quantos profissionais com quem converso a cada semana estão aterrorizados somente por pensar que podem ser demitidos e perder seus empregos? Muitos desses profissionais têm esse medo porque estão totalmente despreparados e não conseguem atrair o interesse dos *headhunters*, não possuem um perfil de LinkedIn matador e amargam um baixo engajamento em suas redes sociais.

Em poucas palavras: não leram este livro ainda.

Brincadeiras à parte, o próximo passo na nossa jornada de aprendizado e preparação passa pela transformação de um profissional desejado pelo mercado para o profissional mais desejado pelo mercado.

Muito bem, consegui um emprego. E agora?

Este assunto que vamos discutir ajuda muito quem está entrando agora no ambiente corporativo.

Voltemos ao estudo realizado em janeiro de 2024 pela *ResumeBuilder* e compartilhado pela *Forbes*, que mostra que 30% das empresas entrevistadas tiveram que demitir um profissional da geração Z, ou seja, nascidos entre 1997 e 2010, após trinta dias do início do trabalho. Vamos aos pontos mais críticos levantados por essa importante pesquisa:

OS CANDIDATOS NÃO SE VESTEM ADEQUADAMENTE: 58%

Em minha própria experiência profissional, tive a oportunidade de presenciar alguns casos que podem até parecer óbvios para outras gerações, mas ainda não são para todos da geração Z. Claro que não podemos generalizar, mas a maioria não se veste adequadamente para o ambiente corporativo (já presenciei alguns chegando no primeiro dia de trabalho de chinelos, por exemplo).

NÃO FAZEM CONTATO VISUAL: 57%

No ambiente corporativo é praxe, é comum, é parte do processo diário, é quase que uma regra simplesmente dizer "Bom dia!" para as pessoas com quem se encontra na primeira hora de trabalho. "Boa tarde!" também é sinal de educação quando se encontra alguém no período da tarde.

Talvez pelo impacto dessa geração já ter nascido com acesso à internet e exposta a um verdadeiro bombardeio de conteúdo, as relações pessoais tenham ficado em segundo plano. Mas é preciso lembrar que as empresas constituídas e sólidas, em sua grande maioria, foram construídas por profissionais e executivos de outras gerações, e é preciso saber se adaptar a certos protocolos e formatos de interação nas relações humanas para que não haja atrito que possa causar qualquer disrupção e término de uma relação de trabalho.

TÊM EXIGÊNCIAS SALARIAIS IRRACIONAIS: 42%

Como já vimos neste livro, exigências salariais surreais tem estado no "top 3" das principais causas de demissão nos primeiros trinta dias de trabalho de um colaborador da geração Z. Eu mesmo já tive várias experiências do tipo: certa vez, um profissional adentrou minha sala após quinze dias de trabalho na empresa porque queria negociar um aumento de salário de 30%, pois já havia aprendido tudo o que teria para aprender na empresa. Acredite se quiser. Claro que, com um pouco de paciência e até mesmo habilidades de um professor, pude dar um pouco de clareza aos profissionais que me procuraram, mas isso não é o mais comum, e uma atitude dessas pode custar o emprego e já taxar o indivíduo como arrogante. Afinal, em muitas empresas leva-se mais de um ano para conseguir qualquer promoção e, em muitos casos, mais de dois anos para se ter algum progresso relevante na carreira. As coisas boas da vida levam tempo e é necessário ter resiliência e saber ler o outro lado antes de se colocar em uma situação de risco desnecessária que pode impactar sua habilidade de recolocação no mercado, ou seja, a sua empregabilidade.

Cargos de analista jamais pagarão a mesma remuneração que um de gerente. As variações, atualmente com base nas suas responsabilidades e nos seus deveres, são de no máximo 30% a 40% para o mesmo cargo. São raros os casos que superam isso. Afinal de contas, a competição por talentos é grande, mas as empresas também já evoluíram, e muito, no quesito cargos e salários para que o negócio em sua totalidade seja sustentável e perene.

Sempre que for para uma entrevista e não souber quanto o mercado paga para uma posição em específico, utilize os recursos atualmente disponíveis gratuitamente na internet e faça uma pesquisa prévia. Mostrar que você tem conhecimento sobre o valor aproximado dos salários pagos para a posição pesa a seu favor quando você for consultado pelo entrevistador sobre sua pretensão salarial. Pretensões salariais fora da realidade são um ponto de corte nas contratações. Nenhuma empresa quer contratar alguém que não parece satisfeito com o salário daquela posição e que corre o risco de deixar a empresa em um curto espaço de tempo. Lembre-se sempre: estar antenado com o salário real para a posição te dá uma tremenda vantagem, pois muitos candidatos cairão no erro de trazer cifras fora da curva.

NÃO SE COMUNICAM BEM: 39%

Comunicação é um fator que não se aplica somente à geração Z, mas para os efeitos do estudo realizado, vamos focar esses casos neste momento.

Você já passou por alguma situação em que você pergunta algo a um profissional e ele simplesmente não responde? Já tentou falar com alguém e a pessoa está com o celular na mão, vendo qualquer outra coisa, menos te dando a devida atenção? E aqueles casos em que o profissional está com o celular na mão e olhando para você, mas a ponto de explodir em uma crise de ansiedade por não estar vendo a tela do celular?

Pois é, existem muitos casos assim. E se você está do lado que acha essas situações absurdas, provavelmente você tem um filho ou sobrinho que ainda não descobriu que esse é um ponto extremamente importante e que pode interromper a qualquer momento uma carreira, até mesmo impedir que uma entrevista seja superada com sucesso. Esses são alguns dos novos problemas que enfrentamos com o advento da tecnologia e das redes sociais, que vieram para o bem com certeza, mas que também nos trazem novos desafios comportamentais que, por mais banais que pareçam, impactam o dia a dia de uma organização.

NÃO PARECEM MUITO INTERESSADOS OU ENGAJADOS: 33%

Este é um dos casos com menos incidência de demissões entre os candidatos da geração Z e, com base em minha experiência, vejo que já não é um problema de consciência do candidato, mas sim de flexibilidade das empresas em um mercado onde muitas organizações continuam atuando como faziam há trinta anos.

A partir do que tenho notado, a geração Z tem muita consciência sobre o mundo onde vive, e temos muito o que aprender com essa nova geração. Já vi muitos profissionais da geração Y que acreditavam que sinônimo de sucesso era trabalhar catorze horas por dia e lutar pelo propósito da empresa em suas piscinas de bolinhas coloridas, bem como em espaços de pingue-pongue. Muitos se acabaram por *burnout*, tomam remédios, têm problemas para dormir

ACREDITO QUE A GERAÇÃO Z VEIO PARA EQUILIBRAR ALGUNS FATORES NAS EMPRESAS E ATÉ MESMO TRAZER ALGUMAS PARA A REALIDADE.

EMPREGABILIDADE EXPONENCIAL
@DANIELMORETTOOFICIAL

e seguem acreditando que isso é o que os fará felizes e bem-sucedidos.

Acredito que a geração Z veio para equilibrar alguns fatores nas empresas e até mesmo trazer algumas para a realidade. Quem é que não sabe que o maior objetivo de uma empresa é dar lucro para seus acionistas? Se ainda não sabe, bem-vindo ao mundo corporativo e à realidade, por mais dura que ela seja. Vejo muitos profissionais classificarem seus empregos como meios para onde eles querem chegar como pessoas, e isso é extraordinário. No final das contas, talvez devamos aprender com a geração Z a sermos mais realistas e, além de realizar muito por meio de nossos empregos, ter também relações mais equilibradas, com as duas partes ganhando.

Mas agora vamos a mais um choque de realidade: quem é que tem a caneta neste momento e pode decidir sobre sua contratação ou não? A empresa certa? Pois bem, as mudanças no ambiente de trabalho e corporativo levam tempo e, ainda assim, sempre existirão os casos que não mudarão nunca. Mas como um profissional da geração Z pode superar isso? É aqui que entra um termo muito importante do mundo corporativo: resiliência.

Saiba que muitas vezes terá que ser flexível e se adaptar, mas sempre que tiver a oportunidade, considerando que aquele é o momento certo, será valioso colocar sua perspectiva e opinião. Mas vamos a um caso com o qual eu tive a oportunidade de aprender. O profissional tinha razão, mas, ao não saber se comunicar e entender o momento certo para isso, acabava aparentando não estar interessado ou engajado com a empresa.

Vou contar a história do Renan, um jovem de 22 anos que atuava como analista de riscos de uma operação de um banco digital atendido pela empresa que eu dirigia naquele momento. Renan tinha aproximadamente um ano na empresa e realizava seu trabalho de forma extremamente eficiente, se tornou uma referência no que fazia e era visto pelos novos colaboradores que ingressavam na empresa como um porto seguro de pesquisa. Renan tinha grandes vantagens técnicas, mas sua comunicação era, no mínimo, complicada. Todos o reconheciam como uma referência técnica, mas ninguém apreciava ter qualquer interação com ele. Reclamava de tudo: se estava sol, era um dia péssimo, pois estava muito calor; se estava chovendo, era um dia péssimo, porque estava chovendo; e por aí vai. Mas o que mais preocupava o RH eram suas interações nada amigáveis com seus companheiros de trabalho.

Em um determinado momento, o RH reuniu a equipe do departamento de Renan, por volta de quinze pessoas, para falar sobre expectativas e modelos de trabalho. Renan foi grosseiro em meio aos colegas ao dizer que, como ele era o único que sabia o que realmente precisava ser feito, o RH poderia demitir todos os demais e aumentar o salário dele. Isso com todos na sala.

Passados alguns dias, claro que a recomendação do RH foi pelo desligamento do colaborador, que, apesar de apresentar alto desempenho individual, tinha atitudes que causavam certa discrepância com o ambiente de trabalho.

Todos já sabiam que ele se destacava entre os demais em termos de conhecimento, mas sua forma de se comunicar era tóxica e causava muitos desconfortos com os outros participantes da equipe.

Problemas de comunicação e comportamento determinaram o término do contrato de trabalho do Renan. O mais importante é que isso aconteceu logo no início de sua carreira e poderá servir como um grande aprendizado, caso assim seja entendido por ele, fazendo-o mais forte. Mas você não precisa passar por isso, afinal já tem uma ideia clara do que pode ocorrer nessas situações.

COMPORTAR-SE DE FORMA ARROGANTE: 60%

Vou contar aqui o caso do Arthur, um jovem profissional que certo dia adentrou minha sala. Naquela época, eu dirigia uma empresa multinacional do setor de terceirização de serviços financeiros e técnicos de alta complexidade para as gigantes americanas.

Arthur tinha completado na empresa exatos trinta dias de trabalho. Profundo admirador de Steve Jobs, havia acabado de ler um livro com sua inspiradora história e como havia levado a Apple até onde chegou. Até aqui tudo muito natural, pois, afinal de contas, quem não admira o trabalhado realizado pelo Steve Jobs?

Pois bem, eis que Arthur entra na minha sala em uma manhã de segunda-feira, enquanto eu me preparava para conduzir minha usual reunião de alinhamento com a diretoria da empresa, que se iniciaria em torno de uma hora. Tínhamos uma política de portas abertas e era natural as pessoas conversarem entre si independentemente de seu cargo na organização. Isso era bem legal e, de fato, uma prática verdadeira. Arthur simplesmente mandou a seguinte pergunta: "Como eu faço para chegar a CEO da empresa em dois anos?".

Confesso que por essa eu não esperava – e veio de supetão, sem "bom-dia" nem nada. Eu nem sabia o nome dele naquele momento. Me refiz do choque e, sem preconceitos, decidi fazer algumas perguntas sobre como ele havia chegado àquele número e como estava se programando para que aquele sonho se tornasse realidade. Uma coisa que aprendi na minha vida é: jamais julgue o sonho de ninguém, porque, por mais absurdo que ele possa parecer naquele momento, conseguir que ele se materialize somente depende da pessoa.

Tivemos uma conversa da qual dificilmente me esquecerei. Comecei pelo básico, perguntando o nome e tentando entender um pouco do profissional: "Como você colabora hoje com a empresa?", e descobri que Arthur era analista de mídias sociais de um banco de uma montadora de caminhões que tínhamos como cliente. Mas o que mais me interessava era a ideia de CEO em dois anos, então questionei e obtive a seguinte resposta: "Vi um vídeo no YouTube falando que não devemos perder tempo, devemos colocar um sonho grande como objetivo e correr atrás para alcançá-lo, e é isso o que eu vou fazer".

Nesse momento, pensei: *Que excelente!*, e quis saber um pouco mais. Perguntei o que ele já estava fazendo para tornar esse sonho uma realidade. "Comprei um livro do Steve Jobs, pois ele é o melhor CEO de todos os tempos, e vou usá-lo como referência para alcançar meus objetivos. Como no vídeo do YouTube dizia que eu precisava atuar e já me colocar naquele lugar, fui ao meu LinkedIn e já coloquei o cargo de futuro CEO da Apple. Afinal, já tenho que me ver lá e mostrar para todo mundo que é isso que eu quero." Bastante surpreso, pedi para acessar o perfil e conferir. Arthur realmente havia colocado seu cargo como "futuro CEO da Apple" e usou o sobrenome Jobs.

Achei que era hora de intervir: "Arthur, pense em um recrutador que esteja acessando o perfil profissional de um candidato a uma vaga de supervisor, qual seria a reação que você acredita que essa pessoa teria vendo o seu perfil profissional assim como está?". E a resposta veio rápida e confiante: "Acredito que ele ficaria extremamente surpreso e eu seria contratado imediatamente". Bom, era hora de um banho de realidade.

Chamei até minha sala uma recrutadora do nosso time de RH, uma pessoa jovem e extremamente madura, sempre muito objetiva. Em menos de dois minutos ela estava lá.

"Joana, bom dia. Tudo bem contigo? Este é o Arthur, que trabalha conosco aqui na empresa, estamos em uma conversa bacana e eu gostaria de sua opinião. Teria dois minutinhos para nos dizer, com sua experiência, caso tivesse uma vaga de supervisor aqui na empresa e chegasse a você o seguinte perfil do LinkedIn, qual seria a sua impressão?" Virei o computador e a deixei ver o perfil do "Arthur Jobs" no LinkedIn.

Após uma breve olhada, Joana foi categórica: "Vendo o que está aqui, imagino que seja um perfil fake ou uma brincadeira de muito mau gosto". Satisfeito com a resposta, agradeci a sua contribuição em nossa conversa e ela saiu da sala, imagino que não entendendo nada do que estava acontecendo ali. Mas tínhamos agora o difícil momento de dar um choque de realidade em Arthur.

"Me conta um pouco mais sobre o *influencer* que você viu no YouTube. Quais foram os cargos que ele já ocupou nas empresas em que trabalhou?" Surpreso, admitiu que não havia checado, mas me propus a pesquisar naquele instante. Adoro o LinkedIn, pois, por mais que algumas pessoas tentem encobrir seus erros e seus feitos, ele muitas vezes nos deixa "pelados" em rede mundial para o bem ou para o mal. "Vemos aqui que o *influencer* teve uma única experiência profissional como atendente de *call center* por quatro anos, e parece que depois disso encerrou a carreira, ou possivelmente está em um processo de transição, ou até mesmo decidiu se dedicar a criar conteúdo na internet." A cara de surpresa de Arthur é impossível de descrever.

"Pois é, Arthur, em um mundo com tanto conteúdo disponível, é importante saber se perguntar sobre qual a relevância e realmente qual a autoridade que aquele *influencer* tem sobre determinado assunto. O conteúdo em si parece inofensivo, mas, se for levado ao pé da letra, como foi no seu caso, pode significar o primeiro deslize na carreira."

Naquele dia entreguei a ele o livro *What Got You Here Won't Get You There,* do Marshall Goldsmith, recomendando que lesse e avaliasse os dois discursos. Passaram-se duas semanas e o jovem retornou à minha sala para devolver o livro e dizer que o texto o havia feito repensar um pouco seus objetivos e suas ações. Agora ele investiria mais em livros e aprendizado por meio de cursos para que pudesse chegar a CEO nos próximo cinco anos. Arthur também modificou seu perfil profissional no LinkedIn, trazendo dados reais e pé no chão. Depois daquele dia, não acompanhei o desenvolvimento daquele jovem profissional, mas acredito que nossa conversa tenha deixado algo de valor para suas decisões futuras.

SÃO DIFÍCEIS DE GERIR: 26%

O percentual pode parecer baixo quando comparado aos demais, mas em um ambiente corporativo é extremamente alto se sabemos que em empresas do segmento financeiro, assim como em muitos outros, a taxa de *turnover* de profissionais não ultrapassa 26% no ano. Talvez por ser uma geração que já nasceu na era da informação, onde todas as notícias chegam muito rápido a todos e de qualquer parte do mundo, esses jovens sejam muito críticos.

Casos de assédio sexual, moral e comportamentos tóxicos existiam muito no passado, mas, com as novas tecnologias e os novos métodos empresariais para combater esses abusos, os agressores estão cada vez mais expostos, e as ocorrências vêm diminuindo gradativamente. A chance de que esse tipo de informação se torne pública é enorme e isso também faz com que as empresas sejam mais cuidadosas no tratamento de tais casos. Aqui é onde, na minha opinião, existe mais um choque de gerações do que um problema da geração Z. Não se deve culpar alguém que não admita sofrer abusos em seu trabalho, e o fato de esses jovens serem mais reativos mostra que eles vêm para, de algum jeito, mudar as estruturas do mundo.

O mesmo ocorre com a excelente discussão que ocorre atualmente ao redor dos modelos presenciais, híbridos e 100% remotos. Aqueles que um dia trabalharam catorze horas por dia e se orgulharam por terem comprometido suas vidas pessoais em favor de longas horas de trabalho travam uma luta psicológica consigo mesmos tentando provar que a nova geração, por buscar uma vida mais equilibrada, é quem está errada e precisa se acomodar a seus erros passados.

E você, Daniel, está a favor de quem? Estou a favor do diálogo e do aprendizado. Todas as gerações têm muito o que aprender umas com as outras, e o modelo autoritário, no qual um lado manda e o outro somente executa, já não funciona mais. Se ainda existe algum fundador de empresa ou CEO que acredita que pode mandar um funcionário fazer algo ilegal sem correr o risco de ser exposto na mídia, ele está muito enganado. Para o bem da sociedade, os novos profissionais – e não são poucos – estão dispostos a mudar de emprego em troca da manutenção dos seus princípios. Estão errados? Absolutamente não! Mas do outro lado também existem as vozes que cobram dessa geração mais compromisso e determinação na entrega de soluções, prezando o esforço e o resultado; no final das contas, é o que separa uma boa empresa de uma muito ruim.

Todos temos o que aprender uns com os outros, mas quando entramos na discussão sobre o que isso pode impactar em nossa empregabilidade, ainda tem muito a ser discutido.

Imagine, por exemplo, Michel, um jovem de 23 anos vindo de uma família com uma condição financeira confortável, o que até aquele momento garantiu tudo o que ele precisava de uma maneira bastante tranquila e sem muitos desafios. Com pais pouco presentes e que raras vezes tiveram a oportunidade de uma conversa sobre como se comportar em um ambiente de trabalho, respeito etc., Michel estava acostumado a obter tudo o que queria sem ter muito a questionar ou mesmo a pedir.

Estudante de enfermagem, em seus primeiros meses de estágio simplesmente decidiu faltar por uma semana completa para aproveitar uma viagem internacional que seus pais realizariam. E foi isso que ele fez. Faltou por uma semana e colocou seus interesses pessoais muito acima de qualquer outra coisa. Os pais, como eram ausentes, tampouco tiveram qualquer conversa a respeito.

Pois bem, Michel retornou de suas férias com a família e encontrou sua carta de rescisão do estágio, que, por sinal, foi uma decisão sem a necessidade de muita avaliação pela empresa. Afinal, o jovem não fez questão alguma de manter seus compromissos e compartilhou momentos de sua viagem em suas mídias sociais, o que causou um tremendo problema na cobertura de suas tarefas, que, mesmo em fase de estágio, sentiram muito o impacto de sua ausência.

Soube dessa história conversando com o jovem em um dia qualquer na piscina do condomínio. Ele me contava que talvez tivesse escolhido a área errada, porque ninguém o entendia e as instituições tinham muitas regras e processos, o que isso limitava sua capacidade de entrega.

Pois bem, talvez ninguém até aquele dia tivesse tido uma conversa um pouco mais séria com o Michel, e achei que era meu dever iniciá-la. "Michel, me diga, por que escolheu enfermagem?" O jovem foi categórico, disse que o objetivo sempre foi ajudar as pessoas. Pedi para descrever sua rotina no estágio. "Claro! Eu fazia curativos supervisionado por um profissional já formado. Eu e meus companheiros fazíamos muitos curativos diariamente em pessoas que estavam em recuperação de alguma cirurgia, tínhamos muitos casos de pacientes de idade avançada que, por motivo de queda, haviam quebrado uma perna, por exemplo, e éramos nós que cuidávamos de fazer os curativos para que sua recuperação fosse mais rápida."

"Eu não sou da área da saúde, mas você, que já tem experiência, me conta: o que acontecia quando alguém faltava?" Michel nem titubeou. "Era um verdadeiro pesadelo. Tínhamos que absorver todo o volume de trabalho de quem tinha faltado. Se faltassem duas pessoas, então, era um caos, pois toda a escala de troca de curativos e acompanhamento dos pacientes atrasava, e isso incomodava muito os pacientes." Ao falar aquilo, já percebi que a expressão do jovem ia mudando, começava a entender, mas achei melhor ser direto.

"Michel, a empresa exigiu os direitos dela ao terminar o seu contrato. Você não concorda que, nesse caso, você não estava comprometido com o que você mesmo me contou?" Pensativo, o jovem admitiu que talvez tenha cometido um grande erro e comentou que, após a saída do estágio, muitos dos colegas cortaram relações. Tentei não ser duro: "Talvez os demais estagiários estivessem mais comprometidos com a verdadeira filosofia por trás de um curso de enfermagem do que você". Michel estava com os olhos cheios de lágrimas quando se afastou.

Naquele momento, acredito que Michel estava enfrentando suas próprias frustrações. Finalmente havia entendido o erro que cometera e agora precisaria lidar com isso. Claro que, por ser muito jovem, ele irá se recuperar, e o Brasil é muito grande e ainda lhe dará outras oportunidades, mas que essa experiência lhe gere aprendizados que o façam um melhor profissional no futuro. Agora ele terá que lidar com a rejeição de seus ex-companheiros e da empresa, e haverá deixado uma reputação longe das melhores. Claro que poderá ter esse fantasma ainda o perseguindo em outros hospitais por onde passem profissionais que tiveram acesso a essa história. Aqui começam os impactos na empregabilidade do Michel. Ele pode talvez não entender isso ainda, mas no mercado de trabalho as notícias voam, especialmente as ruins. Há um ditado no meio que diz que "reputação vale mais do que dinheiro. Dinheiro se recupera; reputação, não".

Quantas e quantas vezes não vemos casos assim nas empresas, e não somente de marinheiros de primeira viagem? Existem muitos profissionais de mais idade, porém menos maturidade, que continuam a cometer erros e nunca pararam para pensar que isso pode impactar sua empregabilidade e carreira.

Idade não é sinônimo de maturidade. Já tive a oportunidade de trabalhar com profissionais de 20 ou 22 anos que tinham excelentes posturas, em muitos casos devido a suas experiências de vida, enquanto na outra ponta estavam profissionais com mais de 60 anos extremamente imaturos.

De um extremo a outro, vamos agora falar sobre a história do Mário, um profissional da área de contabilidade com 62 anos. Mário sempre foi um profissional que reclamou por nunca ter sido considerado para promoções e, apesar de ter passado por mais de dez empresas e em todas ter ocupado o cargo de analista, nunca passava da primeira entrevista em qualquer processo seletivo para outros cargos.

Agora, aos 62 anos, ancorava suas reclamações por não avançar nos processos seletivos no etarismo evidente nas empresas. O etarismo existe, o preconceito existe, é um fato, mas é importante não generalizar – afinal, existem instituições que levam esses casos a sério e possuem processos para inibir qualquer prática nesse sentido.

Mário, em seu perfil profissional no LinkedIn, abertamente criticava empresas e deixava clara sua insatisfação por não ter sido promovido em sua carreira. Detalhe mais importante da história: ele estava empregado no momento em que escrevi este livro.

Em *posts* de analistas, gerentes, diretores e CEOs, criticava veementemente qualquer sinal de comemoração sobre iniciativas para a prevenção do etarismo. Seu posicionamento era de descrença, até que um dia a insatisfação de

Mário foi observada por uma profissional da empresa na qual trabalhava. Ele havia comentado em uma postagem de um CEO de uma empresa de logística dizendo que, assim como foi feito com ele, nenhuma empresa promovia ninguém acima dos 50 anos.

Nas mídias sociais, dificilmente conseguimos saber quem está nos observando. Na empresa, no ambiente físico, isso também acontece, pois estamos sendo acompanhados por clientes, parceiros, pares, liderados e líderes, e todos estão, de uma forma ou de outra, sendo impactados por nossos comentários ou nossas ações.

A mesma analista era responsável pela seleção de uma pessoa para uma vaga de supervisão do departamento de contabilidade de sua empresa. Mário havia sido recomendado pelo gerente do departamento, que não sabia do comportamento on-line do profissional. A analista de RH convidou Mário para uma conversa para que pudesse entender melhor seu comportamento e por que se sentia daquela forma. Ele foi categoricamente grosseiro e disse que já não tinha mais interesse em continuar na empresa, por isso fazia comentários também nas mídias sociais, além, é claro, de comunicar isso de maneira aberta. Segundo ele, havia levantado uma bandeira para o fim do etarismo.

O que Mário talvez não tivesse levado em consideração é que 80% da diretoria da empresa tinha mais de 50 anos. Metade dos supervisores tinham mais de 40 anos e a empresa prezava um ambiente de diversidade e integração das gerações, proporcionando muita troca de aprendizado entre todos que ali conviviam. A empresa onde trabalhava era, na verdade, um exemplo de conduta, mas ele somente conseguia ver o copo meio vazio da situação. Mário também não tinha conhecimento sobre a vaga para a qual estava sendo recomendado pelo gerente de seu departamento, o que comprova uma grave falta de leitura do ambiente onde trabalhava. Estava perante a uma oportunidade de crescimento, a bola estava embaixo do travessão, e ele precisava apenas chutar para poder comemorar aquele gol. Mas, em vez disso, vendou os olhos e, de forma imatura, seguiu proferindo veneno sobre um tratamento tóxico que nem ao menos acontecia naquela empresa.

Mário não somente não conseguiu a vaga, mas teve uma sinalização clara por parte do RH para seu gerente de que ele era, na verdade, um problema dentro da organização, e a recomendação era de desligamento, e não de promoção, uma vez que ele contaminava o ambiente. Enquanto a empresa tinha todos os colaboradores remando em uma direção, aquele profissional fazia força no sentido contrário, causando fricção no ambiente e gerando questionamentos desnecessários em uma cultura de inclusão a qual a empresa estava destinada a cultivar.

Não soube qual o final da história de Mário, porém as chances de ele ter sido demitido são enormes. Mas quero que você faça aqui uma grande reflexão: o que você posta pode afetar sua imagem profissional? A exposição negativa nas mídias sociais também é preocupante e pode desencadear uma avalanche de rejeição por parte dos recrutadores. Se a empresa fosse sua, você contrataria algum profissional que disseminasse o ódio nas redes sociais? Quando digo ódio, refiro-me àqueles profissionais que adoram uma polêmica e não perdem a oportunidade de dar opinião em tudo sem ao menos ter conhecimento sobre os fatos. Você contrataria? Pronto! Lá se foi a empregabilidade do profissional pelo ralo.

As redes sociais nos expõem, seja para o bem ou para o mal. Aqui, mais do que nunca, vale o ditado: "Se não tiver nada de bom a dizer, o silêncio pode te fazer um bem danado!". Lembre-se de que seu comportamento nas redes atrairá simpatizantes daquele comportamento, assim como também distanciará aqueles que não concordam. Minha sugestão é sempre refletir antes de colocar um comentário, fazer uma postagem, ficar dando conselhos publicamente etc. Assim como em um ambiente empresarial, todo comentário positivo e de reconhecimento pode e deve ser feito em público, mas recomendações de melhoria e feedbacks corretivos devem ser feitos em particular. Agora, tenha sempre em mente que poucos profissionais que não te conheçam receberão bem comentários negativos ou feedbacks corretivos.

Outra função importante das mídias sociais é sobre as recomendações que um profissional dá a outro, especialmente para quem está iniciando a carreira. Sempre que tiver oportunidade, peça a profissionais que trabalham contigo e que reconheçam um bom trabalho feito por você que também o façam nas redes. Recomendações são muito bem-aceitas por *headhunters* e recrutadores, e reforçam a história profissional descrita em seu perfil.

Ser procurado de maneira proativa por recrutadores e *headhunters* ocorre com uma certa frequência quando se tem uma imagem pessoal forte no LinkedIn. Em meses movimentados, chego a ter ao menos dois ou três contatos de *headhunters*, e em momentos de baixa do mercado, ao menos um *headhunter* ou recrutador acaba entrando em contato para verificar meu interesse nas vagas que tem em aberto. Certa vez, enquanto eu atuava como CEO de uma empresa de terceirização de processos de negócios, segmento mais conhecido como BPO, um *headhunter* de uma importante empresa de recrutamento global entrou em contato comigo e, durante a conversa sobre expectativas e também características da vaga, perguntei o que havia chamado a atenção dele em meu perfil profissional. Sua resposta foi clara, pois havia, nas recomendações, várias relacionadas a trabalho em equipe e resultados atingidos, e aquilo já havia criado uma imagem inicial para o avaliador. A primeira impressão é a que fica, e ter seu cartão de visitas recheado de boas recomendações ajuda muito na formação da opinião daqueles que sequer o conhecem pessoalmente.

Construir relacionamentos fortes no ambiente de trabalho e nas redes possibilita angariar recomendações que darão muito valor ao seu perfil e com certeza chamarão, e muito, a atenção de recrutadores e *headhunters* que buscam concluir suas metas de contratação.

As mídias sociais podem ser uma grande ferramenta na melhora da sua empregabilidade, mas podem também jogar contra se não forem utilizadas de forma adequada.

SE NÃO TIVER NADA DE BOM A DIZER, O SILÊNCIO PODE TE FAZER UM BEM DANADO!

EMPREGABILIDADE EXPONENCIAL
@DANIELMORETTOOFICIAL

09.

AS ONZE ATITUDES DE UM PROFISSIONAL DESEJADO PELO MERCADO

Você, que chegou até aqui, está à frente de muitos profissionais. A essa altura, e por ter concluído atentamente a leitura de todos os capítulos, já pode considerar que deu um grande passo para se tornar um profissional extremamente desejado pelo mercado. Seu perfil profissional nas redes sociais provavelmente já sofreu mudanças e uma reflexão sobre seu comportamento já se iniciou – mas e agora? Como continuar evoluindo e caminhando na direção correta, chamando a atenção dos recrutadores para seu perfil profissional?

Tornar-se um profissional desejado pelo mercado de trabalho envolve uma combinação de habilidades técnicas, interpessoais e uma mentalidade de aprendizado contínuo. Este é apenas o início de uma jornada que somente definirá seu sucesso por meio de muita disciplina e consistência nas suas ações. Para ajudar, vamos reforçar alguns pontos importantes que cobrimos neste livro:

1 **Desenvolva habilidades técnicas relevantes:** esteja sempre em dia com as habilidades técnicas necessárias para sua área de atuação. Isso pode incluir aprender novas tecnologias, softwares, métodos de trabalho e qualquer outra habilidade específica do setor. Aprender é uma tarefa interminável e somente paramos quando morremos. Deixar de aprender é deixar de viver. Atualmente, a concorrência pelas melhores vagas é brutal e ter cursos e conhecimentos que o façam se destacar em sua área de atuação com certeza atrairá muitos recrutadores até você. O importante é estar extremamente bem preparado para quando a oportunidade chegar e bater à sua porta.

2 **Invista em educação e desenvolvimento profissional:** busque oportunidades de educação continuada, como cursos, certificações, workshops e seminários relacionados à sua área. Isso mostra que você está comprometido em aprimorar suas habilidades e seus conhecimentos. Investir em educação e autoconhecimento é sempre a melhor escolha. Terminou sua graduação? Qual o próximo passo, um MBA, uma pós-graduação? O importante é não parar e continuar agregando à sua educação, seja de forma presencial ou mesmo on-line. Atualmente são tantas as opções de qualidade, que não tem explicação não fazer tal investimento. Tem educação de qualidade por todo tipo de valor. O importante é continuar em movimento, agregar conhecimento e, claro, mostrar ao mundo o que vem estudando, para que possa, através de plataformas como o LinkedIn, fazer um grande marketing de suas conquistas e atrair a atenção de muitos recrutadores.

3 **Desenvolva habilidades interpessoais:** além das habilidades técnicas, as habilidades interpessoais são igualmente importantes. Isso inclui habilidades de comunicação eficazes, trabalho em equipe, resolução de problemas, liderança e capacidade de adaptação. Indo direto ao ponto: trabalhe e aprenda a cada dia, em cada situação pela qual tiver que passar. Quando errar, aprenda uma lição. Quando acertar, comemore as pequenas conquistas. Nossa vida profissional é a soma de nossos erros e acertos, e o importante é que o resultado seja sempre mais positivo do que negativo. Almoce com pessoas diferentes a cada dia, participe de eventos de networking, sejam eles presenciais, sejam on-line. Conheça gente! Conhecemos nossos melhores parceiros de negócios quando menos esperamos. Acredite!

4 **Construa uma marca pessoal forte:** destaque suas realizações, habilidades e experiências de forma clara e convincente em seu currículo, perfil do LinkedIn e outras plataformas profissionais. Isso ajudará a diferenciá-lo dos outros candidatos. Atualmente, existem cursos on-line que se especializam em construir um LinkedIn vencedor. Não perca oportunidades como essa. Muita gente reclama de investir em um curso. Mas, se esse curso lhe der a possibilidade de conseguir um emprego que lhe pague melhor, ele é um grande investimento.

Tudo é uma questão de ponto de vista. Investimentos que o posicionem como um dos primeiros perfis a serem vistos no LinkedIn fazem uma diferença danada. O seu perfil no LinkedIn é o seu cartão de visitas. Jamais subestime a quantidade e qualidade de pessoas que podem estar visitando o seu perfil. Claro que você não vai querer perder a oportunidade de impressionar um grande CEO de alguma empresa ou um recrutador se ele der uma olhadinha no seu perfil no LinkedIn, não é mesmo? Não subestime o poder do LinkedIn.

5 **Networking efetivo:** cultive e mantenha uma rede de contatos profissionais sólidos. Participar de eventos do setor, conferências, grupos de discussão on-line e outras atividades de networking pode ajudá-lo a conhecer pessoas influentes e oportunidades de carreira. Mas não apenas vá "de corpo" aos eventos. Construa relacionamentos! Quando for convidado a participar de grupos de WhatsApp, participe. Já dizia um ditado popular: "Quem não é visto não é lembrado!". Quando tiver acesso a pessoas extremamente relevantes e tiver a abertura para um convite para um café, para uma visita à empresa do profissional ou um almoço, jamais perca tamanha oportunidade. Relacionamentos de negócios são extremamente importantes e sua recolocação começa ainda quando está empregado, construindo relacionamentos com pessoas de

182 Empregabilidade exponencial

atitude e valor. Outro ponto importante é saber quando dizer não. Muitas pessoas querem criar relacionamentos superficiais e encher seu *inbox* com frases motivacionais ou piadinhas, e isso toma tempo. Busque investir seu tempo e esforço em relacionamentos que realmente possam te levar mais longe.

6 **Use efetivamente suas mídias sociais:** construa postagens autênticas, fale sobre temas que profissionais de seu segmento têm interesse, mantenha um perfil profissional sempre atualizado. Um perfil com poucas visualizações tem, em média, de cinquenta a cem visualizações semanais. Imagine que todas as semanas existem profissionais olhando o seu perfil e buscando conhecer mais sobre você. Cada acesso a seu perfil deve ser tratado como uma possibilidade de contratação e, por isso, é muito importante trabalhar seu perfil e suas postagens com muita seriedade, disciplina e consistência. Com o tempo, começarão a surgir contatos de *headhunters* para entrevistas de vagas que você sequer sabia que estavam disponíveis. Participe ativamente de processos seletivos que estejam de acordo com os seus objetivos, conheça o que a empresa que busca o profissional tem a oferecer e lembre-se: a relação entre empresa e profissional é uma relação de conveniência. A empresa precisa de um profissional para a execução de uma determinada tarefa, e o profissional precisa da empresa para executar seu plano de crescimento pessoal, profissional, financeiro ou qualquer que seja seu objetivo. O livro *Seja egoísta com sua carreira*, de Luciano Santos,[12] dá grandes exemplos de como essa relação funciona, por isso, caso deseje continuar investindo no seu desenvolvimento, esse é um livro complementar cujo investimento vale muito a pena.

7 **Seja proativo e demonstre iniciativa:** mostre interesse genuíno em sua área de atuação e na empresa em que você trabalha. Demonstre iniciativa ao buscar soluções para problemas, propor novas ideias e assumir responsabilidades adicionais quando apropriado. Não espere que te peçam para realizar determinadas tarefas.

8 **Mantenha-se atualizado com o mercado:** esteja ciente das tendências, dos desafios e das oportunidades em sua área e na indústria em geral. Isso pode ajudá-lo a se adaptar rapidamente às mudanças e a identificar oportunidades de crescimento profissional. Assine *newsletters*, siga pessoas relevantes da concorrência e acompanhe postagens de profissionais importantes no seu segmento. Aprenda com conteúdo gratuito que é compar-

---

[12]   SANTOS, L. **Seja egoísta com sua carreira**. São Paulo: Gente, 2022.

tilhado nas mídias sociais desses profissionais, busque entender sua forma de pensar e de agir e entenda qual a distância entre o que você tem e o que aqueles profissionais têm. Atualize-se, dedique ao menos trinta minutos por dia para acessar *websites* de notícias relevantes para o seu segmento. Estar informado pode deixá-lo preparado para uma conversa ao menos mais bem detalhada com alguém importante que possa conhecer em um evento ou em uma reunião. Tenha conteúdo para conversas, agregue valor e com certeza terá o reconhecimento de todos aqueles que tenham a oportunidade de compartilhar o mesmo espaço que você. Seja relevante!

9

Seja flexível e adaptável: o mercado de trabalho está em constante mudança, e os profissionais que conseguem se adaptar às novas realidades e abraçar a mudança têm maior probabilidade de se destacar. E aqui, quando digo ser flexível, significa evitar a qualquer custo dar uma resposta "na lata", de maneira que possa se arrepender depois. Mediante uma oferta da empresa para mudar de departamento ou alguma situação na qual você tenha o risco iminente de ser demitido, mas haja ao menos uma segunda opção, mantenha a mente aberta, pois alongar sua estadia na empresa pode facilitar suas decisões e até mesmo sua recolocação. Aceitar uma realocação em outro departamento ou função não significa que isso durará pra sempre. O importante é que você esteja com o poder de decisão e sua saída da empresa somente aconteça através de seu próprio planejamento. Lembre-se: é melhor se adaptar e poder estar no controle de suas decisões do que ser pego de surpresa por uma demissão. Claro que uma demissão pode ocorrer a qualquer momento, mas é nossa obrigação como profissionais estarmos antenados e conseguirmos antecipar movimentos de demissão em massa, demissão de departamentos e até mesmo nossa demissão individual. Ser flexível é também estar atento para, se for necessário, se recolocar no mercado, e que isso seja feito de maneira tranquila e com o poder de escolher qual caminho trilhar.

10 Demonstre integridade e ética profissional: mantenha altos padrões de integridade, ética e profissionalismo em todas as suas interações e decisões no local de trabalho. Isso ajuda a construir uma reputação sólida e confiável. Reputação vale mais do que dinheiro! Lembre-se dessa frase! Muitos fundadores e executivos de empresas multinacionais e nacionais utilizam esse jargão e vivem exatamente isso. Proteja-se de falsas oportunidades! Quantas e quantas vezes ouvimos histórias no mercado de que alguma empresa encerrou suas atividades por estar atuando fora das regulações locais? É extremamente importante não cair no conto da sereia

ou na promessa de um salário pomposo se, para isso, sua reputação e marca pessoal tiverem que acabar em alguma lista negra de alguma instituição reguladora. Aprenda sobre a empresa e seus executivos; para isso a internet nos dá extrema vantagem e oportunidade para que possamos buscar informações. Atualmente é muito difícil um profissional ou uma empresa conseguirem passar despercebidos caso cometam atos graves de corrupção, lavagem de dinheiro, estelionato ou qualquer outro ato que prejudique a sociedade.

São muitos os casos em que um "laranja", no intuito de obter uma promoção, é colocado à frente de negócios duvidosos e até mesmo em situações que não se alinham com o ambiente proposto pela sociedade atualmente.

Os chamados "puxadores de tapete" também estão presentes em todas as empresas, e na menor oportunidade de derrubar um companheiro para obter uma promoção, o farão sem piscar. Mantenha sua integridade e construa sua reputação no mercado. Integridade pode fechar portas erradas, mas as certas estarão lá para recebê-lo. O boca a boca tem muita força e, apesar de o Brasil ser muito grande, os mercados de atuação às vezes parecem ser muito pequenos, nos quais muitos profissionais se conhecem. Talvez um profissional consiga uma ou duas vezes subir na carreira dando rasteiras ou puxando tapetes, mas em algum momento o mercado cobra e todos ficam informados sobre seu comportamento. Integridade e ética são seus bens mais valiosos. Defenda-os e não coloque preço neles!

11 Mantenha uma atitude positiva e resiliente: manter uma atitude positiva, mesmo diante de desafios e adversidades, pode ser um diferencial importante. A resiliência e a capacidade de lidar com o estresse de forma construtiva são valorizadas pelos empregadores. A vida corporativa é composta por ciclos. Claro que existirão dias muito bons, mas também existirão dias desafiadores, e é nesses dias que são separados os profissionais dos amadores. Diversas situações nos dão a oportunidade de nos destacar quando comparados aos demais. Entender com profundidade os motivos de um relatório e quais decisões serão tomadas a partir dele pode dar uma vantagem imensa para analistas influenciarem até mesmo o futuro da empresa. Antes de criticar gratuitamente uma iniciativa da empresa, busque entender o que está por trás da decisão. Entenda também quais objetivos ela deseja alcançar e participe, traga soluções, alternativas que podem ser ainda melhores e facilitem a evolução dos negócios e o bom andamento dos processos da empresa.

NÃO EXISTE EMPRESA PERFEITA. TODAS AS EMPRESAS TÊM COISAS BOAS E ÁREAS DE MELHORIA.

EMPREGABILIDADE EXPONENCIAL
@DANIELMORETTOOFICIAL

Não existe empresa perfeita. Todas as empresas têm coisas boas e áreas de melhoria. Porém, o importante aqui é focar as coisas boas, se frustrar quando as coisas não saem como o esperado ou quando cometemos um erro, mas também saber reconhecer rapidamente o aprendizado e iniciar uma busca incessante pela solução e pelo desenvolvimento profissional. Isso é ser resiliente e ser positivo.

Agora, muito cuidado sempre em entender tudo o que lhe é pedido. Não existe nenhuma vantagem em executar operações fraudulentas, imorais ou ilegais simplesmente para envaidecer um superior. É preciso sempre analisar com muita cautela tudo o que lhe é pedido para não cair em armadilhas e, assim, prejudicar o que de mais valioso tem em sua carreira profissional, que é a sua reputação!

Bom, chegamos ao fim deste livro. Ao seguir essas dicas e continuar aprimorando suas habilidades e seus conhecimentos, tenho certeza de que você estará no caminho certo para se tornar um profissional desejado pelo mercado de trabalho!

Espero, em breve, poder ler sobre suas aventuras e muitas histórias de sucesso tornando sua empregabilidade totalmente exponencial! Quando alcançar seu objetivo e conseguir aquela vaga de emprego tão sonhada, aquela promoção ou mesmo uma recolocação que este livro tenha colaborado ao menos um pouquinho para ser possível, compartilhe comigo em meu perfil profissional no LinkedIn.

https://www.linkedin.com/in/danielmoretto/

Terei o prazer em dar-lhe os parabéns por ter se tornado o profissional mais desejado pelo mercado de trabalho!

Agora você tem a oportunidade de se tornar parte desse seleto grupo de profissionais, aproveite e sucesso!

Este livro foi impresso
pela gráfica Bartira em
papel lux cream 70 g/m²
em setembro de 2024.